VVkids

LA VIDA DE LOS DINOSAURIOS

Texto de

CRISTINA BANFI

Ilustraciones de

GIULIA DE AMICIS

INTRODUCCIÓN

¿Te encantan los dinosaurios? ¿Tienes síntomas de dinomanía? En ese caso, este libro es para ti: ¡aquí podrás conocer con todo lujo de detalles a tus animales favoritos! Los dinosaurios fueron los amos de la Tierra hace millones de años, pero después se extinguieron y desaparecieron para siempre. En estas páginas encontrarás toda la información que necesitas sobre ellos. Descubrirás qué aspecto tenían y en qué se diferenciaban de los animales actuales y comprenderás mejor cómo eran, qué comían, cómo se reproducían y cuáles eran sus costumbres. Mientras lees, tendrás la impresión de que estos ejemplares de la fauna prehistórica vuelven a la vida...

CARACTERÍSTICAS DE LOS DINOSAURIOS

Todos conocemos a los dinosaurios: los imaginamos como unos lagartos enormes y temibles, dueños absolutos de la Tierra en un pasado muy remoto. Sin embargo, los dinosaurios fueron en realidad animales muy diferentes entre sí en cuanto a forma y tamaño. Vivieron durante un larguísimo periodo de tiempo que los paleontólogos denominan «Mesozoico».

NO SOLO DINOSAURIOS

Los dinosaurios, hoy extintos, vivieron entre 245 y 65 millones de años atrás y compartieron hábitat con otros muchos animales (mamíferos, anfibios, invertebrados y otros reptiles). **No todos los animales que vivieron en el Mesozoico eran dinosaurios.**

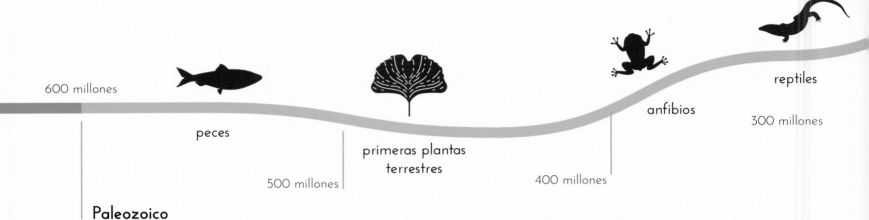

600 millones

peces

500 millones

primeras plantas terrestres

400 millones

anfibios

reptiles

300 millones

Paleozoico

¿CUÁLES SON LAS CARACTERÍSTICAS DISTINTIVAS DE LOS DINOSAURIOS?

1 La primera característica es que **vivieron en la era Mesozoica**. Los animales que habitaron la Tierra antes o después de este momento no se consideran dinosaurios.

2 **Todos los dinosaurios vivieron en tierra firme.** Algunos podían nadar distancias cortas en aguas marinas, lagos o ríos, pero no vivían de forma permanente en el agua como hacen, por ejemplo, los cetáceos. No se consideran dinosaurios ni los gigantescos reptiles marinos que vivieron durante el Mesozoico ni los reptiles que volaban ágilmente por el cielo y que hoy conocemos con el nombre de «pterosaurios».

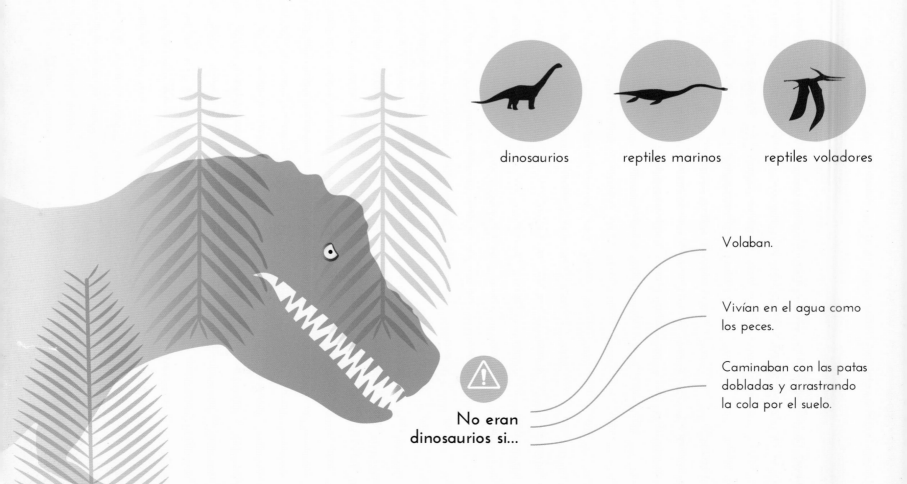

dinosaurios

reptiles marinos

reptiles voladores

Volaban.

Vivían en el agua como los peces.

Caminaban con las patas dobladas y arrastrando la cola por el suelo.

No eran dinosaurios si...

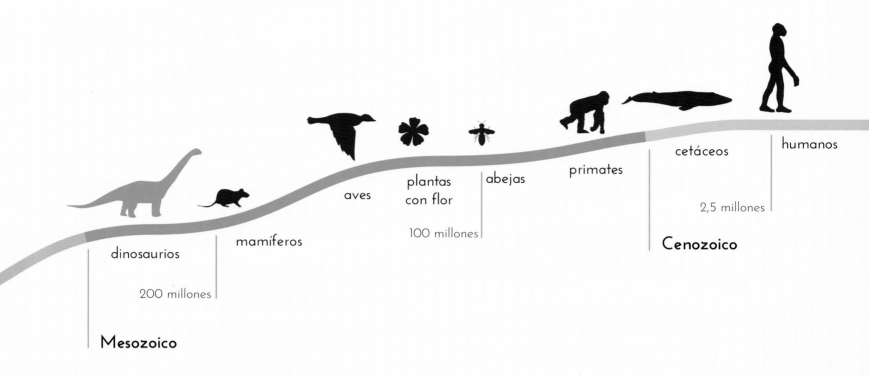

humanos

cetáceos

2,5 millones

Cenozoico

primates

aves

plantas
con flor

abejas

100 millones

mamíferos

dinosaurios

200 millones

Mesozoico

Diápsidos
dos fenestras

Sinápsidos
una fenestra

3 Los dinosaurios, pues, caminaban por tierra. Tenían unas patas enormes que les permitían sostener el cuerpo a cierta distancia del suelo y caminaban de una forma parecida a la de las aves y reptiles de hoy en día. Gracias a ello, eran **grandes caminadores y corredores**. Seguramente, este rasgo explica que lograran sobrevivir durante tantísimo tiempo.

4 **Todos los dinosaurios eran diápsidos**, es decir, tenían un cráneo que presentaba dos agujeros (o fenestras) tras las cavidades de los ojos. Estas fosas aligeraban el peso de la cabeza y permitían el desarrollo de los músculos masticadores. Muchos otros reptiles, en cambio, eran sinápsidos (es decir, tenían una única fosa) o bien anápsidos (presentaban un cráneo sin fosas).

Anápsidos
sin fenestras

reptil

dinosaurio

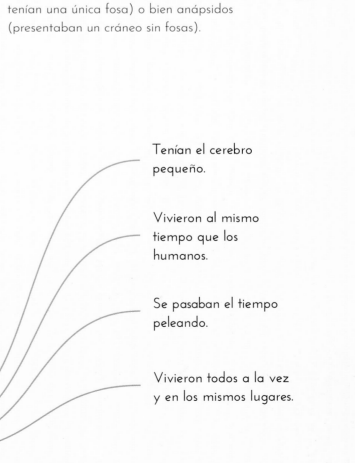

Tenían el cerebro pequeño.

Vivieron al mismo tiempo que los humanos.

Se pasaban el tiempo peleando.

Vivieron todos a la vez y en los mismos lugares.

No es cierto que...

CLASIFICACIÓN

¿De qué dinosaurio se trata?

Los dinosaurios eran de formas y tamaños muy variados y resulta difícil clasificarlos en un esquema rígido, sobre todo si tenemos en cuenta la escasez de restos fósiles disponibles. Los científicos, por lo general, se han centrado en la tarea de buscar características comunes a varios ejemplares con el objetivo de clasificarlos en grupos más o menos amplios.
En 1888, el paleontólogo inglés Harry Seeley propuso una clasificación aún vigente, según la cual los dinosaurios se dividen en dos grandes grupos (u «órdenes») en función de la forma de la cadera y la pelvis: los **ornitisquios** ('cadera de ave') y los **saurisquios** ('cadera de lagarto').

Estegosaurios

Anquilosaurios

DINOSAURIOS
ÓRDENES

La pelvis consta de tres huesos soldados entre sí: el ilion, el isquion y el pubis.

ilion

isquion

pubis

TIREÓFOROS

ORNITISQUIOS

ORNITISQUIOS

Los ornitisquios presentan el hueso pubis orientado hacia atrás, casi paralelo al isquion. El ilion se encuentra en la parte superior de la cadera y suele ser alargado y estrecho.
Pertenecen a este orden los dinosaurios no carnívoros. La forma de la pelvis dejaba un gran espacio para albergar los intestinos, algo muy importante en los animales herbívoros, cuyo proceso digestivo era largo y complejo.

SAURISQUIOS

Los saurisquios presentan el hueso pubis orientado hacia delante, lo cual les permitía mejorar el apoyo y correr más deprisa. Solían ser dinosaurios carnívoros: ¡ser veloz era una cualidad indispensable para cazar!
El hueso ilion, en la parte superior de la cadera, era ancho y aplanado. Los poderosos músculos de las patas estaban unidos a él.

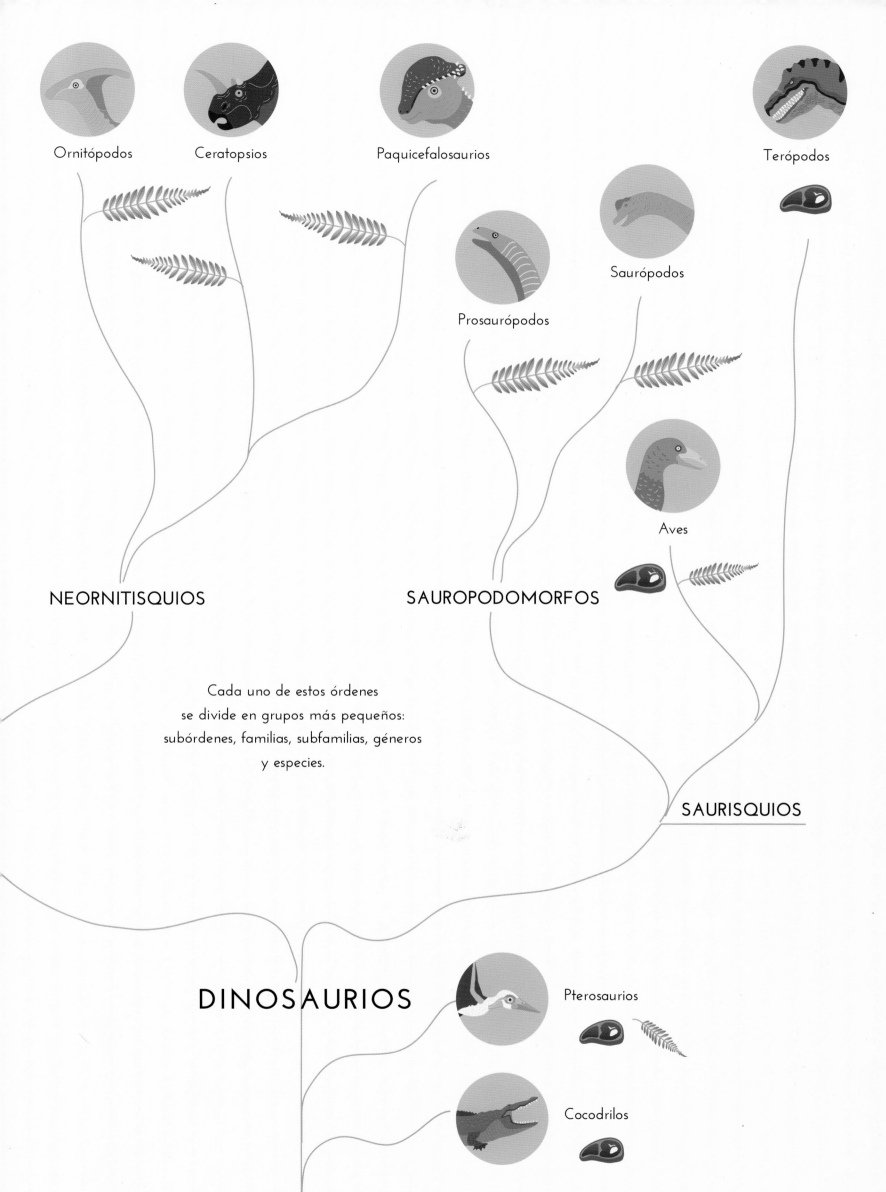

Ornitópodos

Ceratopsios

Paquicefalosaurios

Terópodos

Prosaurópodos

Saurópodos

Aves

NEORNITISQUIOS

SAUROPODOMORFOS

Cada uno de estos órdenes
se divide en grupos más pequeños:
subórdenes, familias, subfamilias, géneros
y especies.

SAURISQUIOS

DINOSAURIOS

Pterosaurios

Cocodrilos

ARCOSAURIOS

LA ERA DE LOS DINOSAURIOS

Como bien sabes, hace mucho tiempo que los dinosaurios se extinguieron. El último de ellos murió hace al menos 65 millones de años. Si embargo, hubo un tiempo en el que estos reptiles prehistóricos prosperaron y aumentaron en número hasta llegar a dominar todos los hábitats del planeta. Ese periodo duró 186 millones de años y los paleontólogos lo conocen como ERA MESOZOICA o, simplemente, MESOZOICO.

Los paleontólogos dividen los 186 millones de años que duró el Mesozoico en tres periodos: **Triásico**, **Jurásico** y **Cretácico**.

TRIÁSICO

PANTHALASSA

MAR DE TETIS

TRIÁSICO

Duró 51 millones de años y empezó con una extinción masiva, quizá la mayor que se ha producido jamás. La Tierra quedó prácticamente deshabitada: desaparecieron el 96 % de las especies marinas y el 70 % de los vertebrados terrestres.

Triásico inferior

Las tierras emergidas forman un supercontinente, el **Pangea**, rodeado por un inmenso océano o **Panthalassa**.

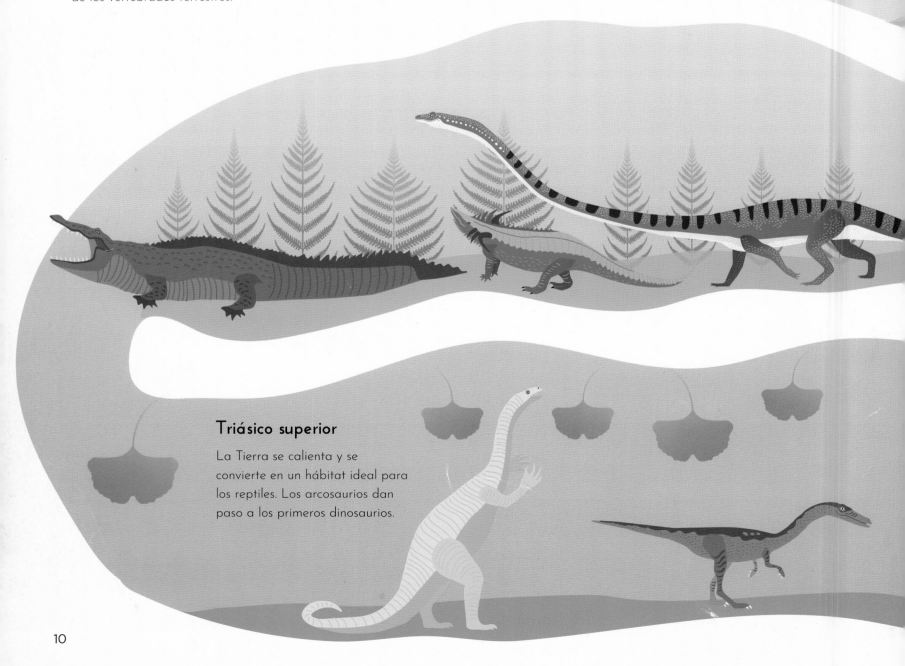

Triásico superior

La Tierra se calienta y se convierte en un hábitat ideal para los reptiles. Los arcosaurios dan paso a los primeros dinosaurios.

MESOZOICO
(186 millones de años)

| 251 m. a. | Triásico | 204 m. a. | Jurásico | 146 m. a. | Cretácico | 65 m. a. |

m. a. = millones de años

Fíjate bien: en la línea del tiempo, el
Tyrannosaurus rex está más cerca de nosotros
que de otros dinosaurios que vivieron en el
Triásico, como el vegetariano *Plateosaurus*...

Las zonas interiores de Pangea son muy
áridas y forman un seco desierto donde
el agua escasea. Los vientos oceánicos no
consiguen hacer llegar hasta allí las nubes
cargadas de lluvia.

Durante este periodo, los anfibios
primitivos evolucionan hasta
convertirse en depredadores
de gran tamaño.

Triásico medio

El supercontinente Pangea se fractura y
empieza a separarse. Se forma el **Mar de Tetis**.
Durante este periodo abundan los insectos
terrestres y, en el mar, las algas,
los corales y las esponjas.

Hacia finales del periodo, el cambio
climático provoca la extinción de una
tercera parte de las especies marinas
y de la mayor parte de los grandes
anfibios.

JURÁSICO

El Jurásico, durante el cual la Tierra continuó
calentándose, también se inició con una extinción.
El periodo duró 55 millones de años.

Jurásico inferior

El clima se mantiene cálido y templado.
Los arcosaurios dominan la Tierra. Aparecen
los primeros mamíferos, que tienen un tamaño
reducido y ocupan los pocos espacios que los
reptiles han dejado libres.

Jurásico medio

El subcontinente Pangea ya
no existe: ha quedado dividido
en dos continentes, **Laurasia** y
Gondwana.

Cretácico inferior

Aumenta el nivel de los océanos, con
la consiguiente aparición de brazos
de mar que ocupan las tierras emergidas
y reducen las inmensas extensiones
de bosque. La nueva situación perjudica
a los grandes saurópodos, que acaban
por extinguirse.

Durante este periodo, las estaciones
empiezan a alternarse y los polos se enfrían
cada invierno un poco más. Aparecen las
plantas con flor y los insectos sociales, como
las abejas y las hormigas. Los mamíferos
continúan evolucionando y desarrollan la
reproducción placentaria.

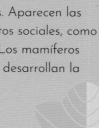

CRETÁCICO

Con una duración de 80 millones de años, fue el periodo más largo del Mesozoico. Muchos dinosaurios se extinguieron a lo largo de esta etapa, mientras que otros animales, entre ellos los mamíferos, evolucionaron y se diversificaron. Aparecieron las primeras aves con pico y sin dientes.

Durante este periodo, los dinosaurios alcanzaron la cumbre de su éxito. Al mismo tiempo, empezó el declive de los grandes reptiles, coincidiendo con la extinción del Cretácico-Paleógeno.

La Tierra está dominada por los gigantescos saurópodos y por muchos otros dinosaurios, tanto carnívoros como herbívoros (¡a pesar de que la hierba propiamente dicha todavía no existe!).

En los grandes bosques predominan las coníferas. Los mares están llenos de amonites y reptiles marinos. Los pterosaurios vuelan por el cielo.

Jurásico superior

Continúa el éxito de los dinosaurios, que diversifican sus formas y dimensiones. Aparecen las primeras aves, como el *Archaeopteryx*. Aumenta el nivel del mar, que acoge una gran variedad de formas de vida.

Cretácico superior

Comienza la recta final del Mesozoico. A partir de este momento la temperatura de la Tierra desciende, y seguirá haciéndolo durante la era siguiente. Algunas especies de dinosaurio, entre ellas el Anquilosaurio, el Triceratops y el Tiranosaurio, alcanzan la cumbre de su éxito evolutivo.

La historia de los dinosaurios termina con la extinción del Cretácico-Paleógeno, durante la cual mueren tres cuartas partes de todas las especies vivas. Con ella concluye el dominio de los reptiles (en particular, de los dinosaurios) sobre el planeta. Empieza una nueva época en la que los mamíferos se lanzan a conquistar el mundo.

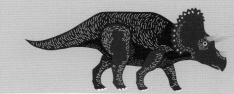

LA GRAN EXTINCIÓN

Los últimos dinosaurios desaparecieron hace 65 millones de años por causas que todavía se desconocen, aunque existen varias teorías que tratan de explicar de manera plausible el fenómeno. Lo más probable es que confluyeran distintos factores que, en último término, convirtieron el planeta en un lugar más apto para otros tipo de vida.

¿Qué factores la explican? Solo podemos aventurar hipótesis...

LA CAÍDA DE UN METEORITO

Existen pruebas de que un meteorito de gran tamaño impactó en la Tierra, cerca del golfo de México, hace justamente 65 millones de años. El impacto generó unos 70 000 millones de toneladas de polvo y detritos que se dispersaron por la atmósfera e impidieron el paso de los rayos del sol durante un largo tiempo. La Tierra quedó sumida en una gélida noche que duró varios meses, quizá años, y las temperaturas descendieron 16 °C. El planeta se cubrió de hielo, y la ausencia de sol con el que hacer la fotosíntesis provocó la desaparición de numerosas especies de plantas. Esta situación desencadenó la muerte de muchos animales herbívoros y, posteriormente, también de carnívoros.

EL CAMBIO CLIMÁTICO

Es posible que la caída del meteorito (unida a otras causas, como la emergencia de los continentes) provocara un cambio importante en las condiciones climáticas de la Tierra y el planeta se convirtiera en un entorno hostil para los dinosaurios.

ACONTECIMIENTOS GEOLÓGICOS CATASTRÓFICOS

A finales del Mesozoico, la Tierra se vio afectada por una sucesión de terremotos y grandes erupciones volcánicas. Durante este periodo de inestabilidad geológica, el aire se llenó de grandes cantidades de ceniza y gas y se volvió irrespirable.

APARICIÓN DE NUEVOS ANIMALES Y HÁBITATS

La aparición de plantas con flor ocasionó grandes desequilibrios en la cadena alimentaria: se trataba de plantas que perdían las hojas, lo cual provocó que muchos dinosaurios murieran de hambre.

LOS DINOSAURIOS
VISTOS POR RAYOS X

Los restos que mejor se han conservado de los dinosaurios corresponden a las partes más duras del cuerpo: son las que tardan más en descomponerse y las que, mediante procesos de mineralización, pueden acabar convertidas en fósiles.

Estas partes suelen ser los huesos, las uñas y los cuernos. Para imaginar cómo eran los órganos internos de los dinosaurios, los científicos se fijan en los animales actuales que más se les parecen, en especial los cocodrilos y las aves.

1 huesos

2 uñas

3 cuernos

¿Qué se conserva de los dinosaurios?

EL CORAZÓN

La circulación sanguínea dependía del corazón, que bombeaba sangre sin cesar y tenía unas dimensiones que variaban en relación con el tamaño de cada dinosaurio.

Si atendemos a sus dimensiones, el *Tyrannosaurus rex* debía de tener un corazón diez veces mayor que el de los humanos.

El corazón de los mamíferos y el las aves se compone de dos aurículas y dos ventrículos totalmente separados entre sí. Estas cuatro cavidades conforman una bomba muy potente que les permite desarrollar una intensa actividad física. ¿Cómo era el corazón de los dinosaurios? Según los paleontólogos, muy similar al de las aves...

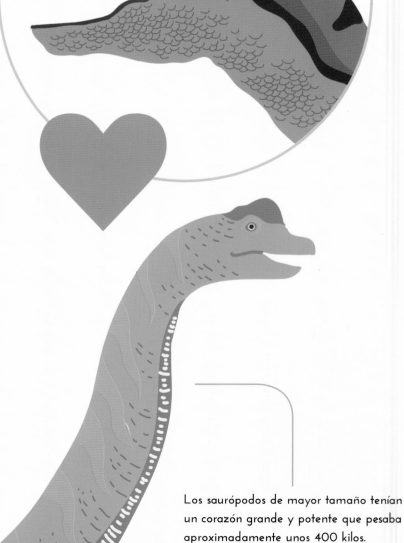

Tyrannosaurus rex

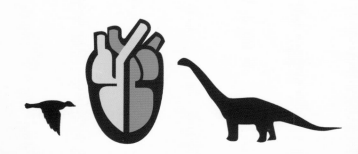

Los saurópodos de mayor tamaño tenían un corazón grande y potente que pesaba aproximadamente unos 400 kilos.

LOS PULMONES

La respiración de los dinosaurios carnívoros tenía que ser muy eficiente: para estos animales era indispensable reponer rápidamente el oxígeno que «quemaban» durante las fatigosas expediciones de caza. Cuando un gran depredador como el *Tyrannosaurus rex* respiraba, el aire inspirado pasaba de los pulmones a una compleja red de sacos aéreos similares a los de las aves. Este sistema le permitía absorber una gran cantidad de oxígeno con cada inhalación.

sacos aéreos

EL CEREBRO

La manera de vivir y de moverse de un animal depende mucho de su forma y de las dimensiones del cerebro. Este principio también es válido para los dinosaurios, que por regla general tenían un cerebro más pequeño que el de los mamíferos y las aves de su mismo tamaño, motivo por el cual se ha creído que eran poco inteligentes.

A pesar de esto, los indicios fósiles sugieren que el comportamiento de los dinosaurios era complejo: tenían vida social y cuidaban de su prole. El cerebro de los depredadores, obligados a planificar la caza, debía de ser más grande que el de los herbívoros y similar al de los reptiles actuales del mismo tamaño.

El *Troodon* representa una excepción a esta regla: tenía un cerebro muy grande en comparación con el cuerpo, lo cual sugiere que poseía una mayor inteligencia (tal vez similar a la de algunas aves modernas, como el mirlo o la urraca).

EL ESTÓMAGO Y EL INTESTINO

El sistema digestivo variaba mucho de una especie a otra y su estructura estaba muy relacionada con el tipo de dieta.

Se cree que los dinosaurios herbívoros tenían un intestino largo, apto para realizar un proceso de digestión prolongado (los vegetales contienen celulosa, un nutriente muy resistente y difícil de digerir).

DIETA VEGETARIANA

El estómago de los dinosaurios vegetarianos estaba diseñado para almacenar una enorme cantidad de vegetales: era como un gran saco, capaz de llenarse en poco tiempo con el fin de asegurar una ingesta de alimento suficiente.

Como los cocodrilos y las aves herbívoras, algunos dinosaurios tragaban pequeñas piedras (llamadas «gastrolitos») para proseguir la masticación dentro del estómago. La potente musculatura de las paredes estomacales se ocupaba de mezclar las piedras con las hojas para facilitar la trituración de los vegetales.

DIETA CARNÍVORA

Es probable que los dinosaurios carnívoros tuvieran un aparato digestivo más simple, ya que la digestión de la carne es relativamente rápida y requiere menos fases. El intestino de estos dinosaurios tenía unas dimensiones más reducidas y quedaba recogido bajo la pelvis para no estorbar cuando el animal corría.

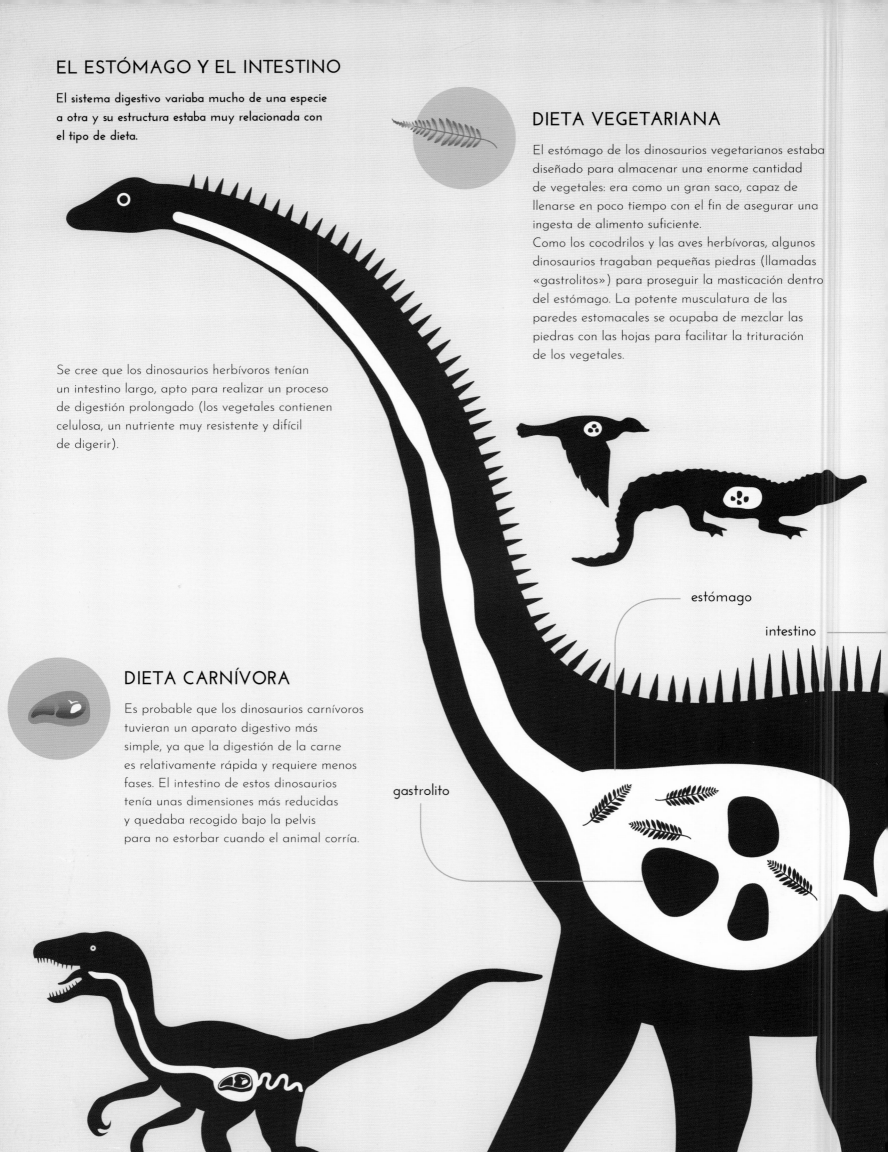

estómago

intestino

gastrolito

LOS SENTIDOS: VISTA, OLFATO Y OÍDO

La mayor parte de la información que tenemos sobre la capacidad sensorial de los dinosaurios proviene del estudio del cráneo y, en particular, del análisis de las marcas que dejaba el cerebro en las paredes craneales.

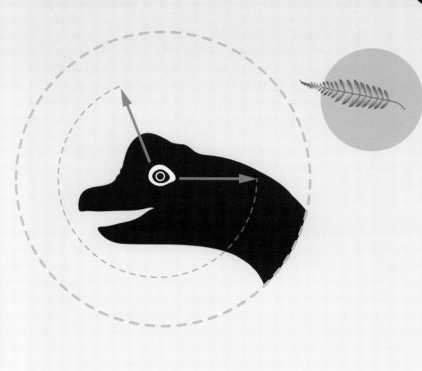

VISTA

El sentido de la vista era bastante diferente en las especies carnívoras y en las herbívoras. Los dinosaurios herbívoros tenían los ojos situados a ambos lados de la cabeza, rasgo que les permitía disponer de un campo visual muy amplio y detectar a posibles depredadores que se les acercaran por la espalda.

Los dinosaurios carnívoros tenían los ojos relativamente grandes y situados en la parte delantera de la cabeza, hecho que les proporcionaba una visión estereoscópica. Esto les permitía calcular con precisión la distancia a la que se encontraba una presa y ajustar la velocidad de la carrera.

OLFATO

El lóbulo olfativo (parte del cerebro responsable del sentido del olfato) era, por lo general, largo. Esto indica que el olfato era en los dinosaurios un sentido muy importante, tanto para buscar alimento como para reconocer a otros ejemplares su misma especie.

OÍDO

Sabemos muy poco sobre cómo oían los dinosaurios. Al igual que los reptiles y las aves actuales, carecían de pabellones auditivos externos, pero tenían un oído medio e interno bien desarrollado. Es posible que los dinosaurios más pequeños fueran capaces de percibir frecuencias altas, como los perros y los delfines de hoy en día. Los dinosaurios de mayor tamaño probablemente eran más sensibles a los ultrasonidos, útiles para poder comunicarse a larga distancia (como hacen hoy los elefantes y las ballenas).

GIGANTES Y ENANOS
PESOS Y MEDIDAS

La palabra «dinosaurio» a menudo nos hace pensar en unos terroríficos reptiles de cuerpo gigantesco, capaces de hacer temblar el suelo con cada paso. Pero aunque hubo dinosaurios de un tamaño colosal, lo cierto es que muchos otros tenían medidas similares a las de algunos animales actuales que todos conocemos.

¿Cuál era el más grande?
¿Y el más pequeño?
¿Cuál pesaba más?
Hablar de cifras no es fácil...

LONGITUD

¿Cómo se calculan las dimensiones de un dinosaurio? Determinar la altura de un ejemplar puede parecer fácil: debería bastar con medir el esqueleto. Sin embargo, como los dinosaurios se extinguieron hace millones de años, los científicos no siempre disponen de esqueletos completos para poder estudiarlos. Las dimensiones de un animal se calculan a partir de los huesos disponibles (que a veces son muy pocos) y de manera aproximativa.

24 m
Brontosaurus

LOS HERBÍVOROS

Sabemos con certeza que algunas especies eran verdaderamente inmensas. Es el caso de los saurópodos, que habrían podido asomarse fácilmente a las ventanas del tercer piso de un edificio...

26 m
Diplodocus

8 m
Triceratops

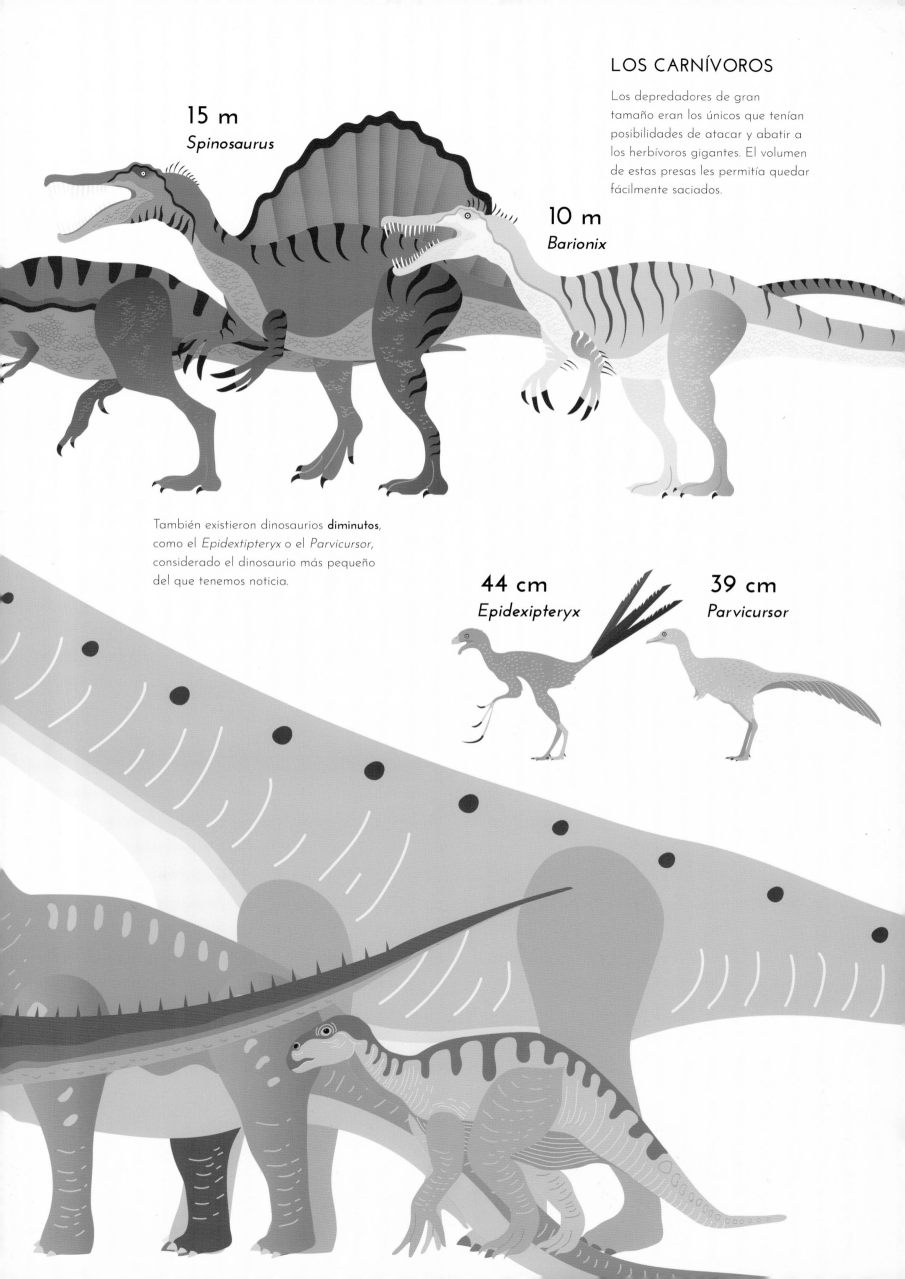

15 m
Spinosaurus

10 m
Barionix

LOS CARNÍVOROS

Los depredadores de gran tamaño eran los únicos que tenían posibilidades de atacar y abatir a los herbívoros gigantes. El volumen de estas presas les permitía quedar fácilmente saciados.

También existieron dinosaurios **diminutos**, como el *Epidextipteryx* o el *Parvicursor*, considerado el dinosaurio más pequeño del que tenemos noticia.

44 cm
Epidexipteryx

39 cm
Parvicursor

PESO

El peso de los dinosaurios solo se puede calcular mediante conjeturas y aproximaciones. Los cómputos toman como punto de partida la longitud de determinados huesos, como por ejemplo el fémur. Los paleontólogos aseguran que algunos saurópodos soportaban un peso de hasta 70 toneladas: ¡la mitad del peso de una ballena azul! Pero la ballena azul vive en el mar, donde el agua salada la aligera mucho de su pesada carga...

6 toneladas
Elefante africano

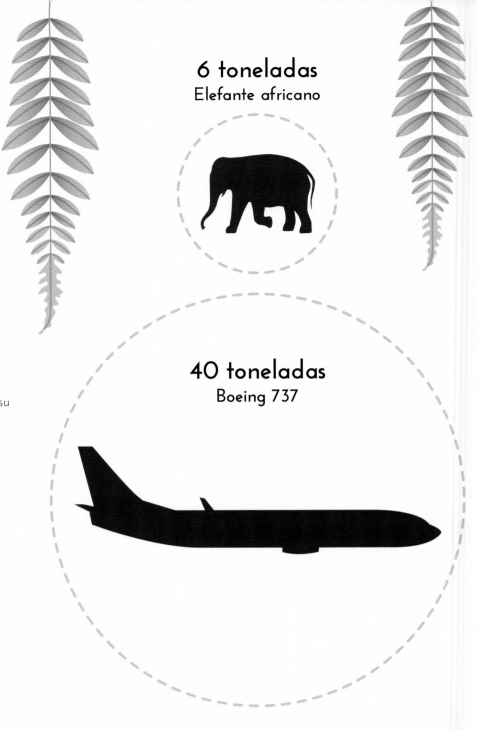

40 toneladas
Boeing 737

10 toneladas
Tyrannosaurus

15 toneladas
Diplodocus

35 toneladas
Brachiosaurus

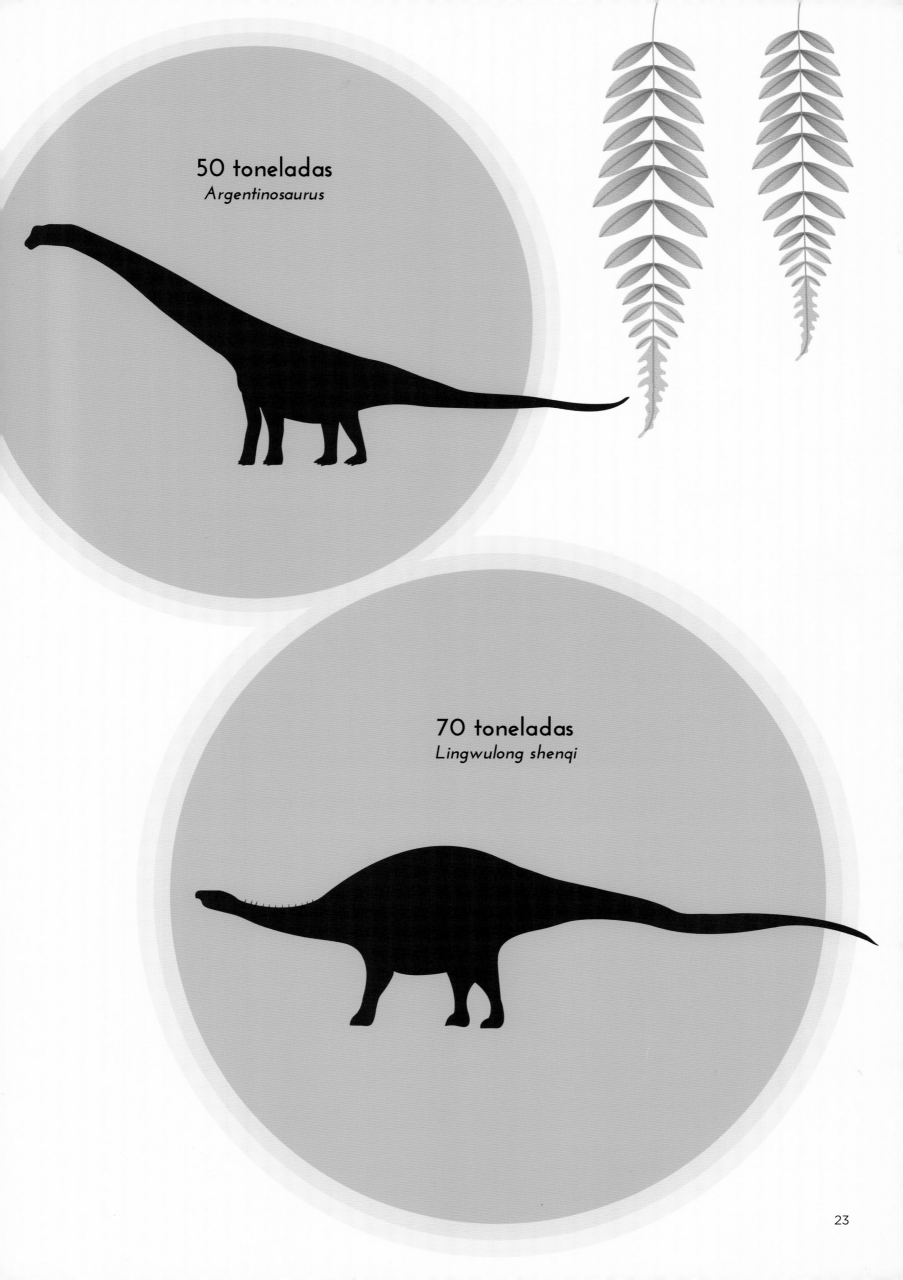

50 toneladas
Argentinosaurus

70 toneladas
Lingwulong shenqi

¡A COMER!
DENTADURAS Y COLMILLOS

Gracias a la forma de los dientes podemos saber qué come un animal, cómo consigue el alimento y si lo mastica o lo engulle entero. ¡Y los dinosaurios no son una excepción!

El tipo de alimento que consumían estos reptiles prehistóricos se refleja en la forma y el número de los dientes que poseen, mientras que las dimensiones de la dentadura se relacionan con el tamaño general del animal.

Hubo dinosaurios que carecían de dientes, lo cual ha despertado serias dudas entre los paleontólogos acerca de cómo se alimentaban estos animales. Algunas especies, en lugar de dientes, tenían un pico duro y afilado con el que desgarraban las hojas.

CON FORMA DE CUCHARA O ESPÁTULA

19 cm

Camarasaurus

CON FORMA DE ALMENDRA

19 cm

Diplodocus

CON FORMA DE HOJA

10 cm

Plateosaurus

CON FORMA DE CLAVO

12 cm

Spinosaurus

CON FORMA DE CUCHILLA

8 cm

Allosaurus

Los dinosaurios cambiaban los dientes a menudo: las piezas desgastadas o rotas se les caían periódicamente y eran reemplazadas por otras nuevas y bien afiladas. La gran diversidad de especies de dinosaurios quedó plasmada en una amplia variedad de dentaduras.

En algunas especies, los dientes nacían de las encías uno a uno, por separado, mientras que en otras formaban largas filas organizadas en batería, como las butacas de un teatro. Los dientes podían estar situados en la parte posterior de la mandíbula o bien únicamente en la parte delantera de la boca.

CARNÍVOROS

Los dinosaurios depredadores, como los terópodos, tenían **dientes muy puntiagudos** que podían ser rectos o curvos y disponer de bordes aserrados para desgarrar la carne con mayor facilidad. Estos dinosaurios no masticaban: los dientes tan solo les servían para apresar a sus víctimas y trocearlas en pedazos que luego engullían enteros, como hacen hoy los tiburones o los cocodrilos.

El *Tyrannosaurus rex* tenía entre 50 y 60 dientes cuyo tamaño era semejante al de un plátano. La función de estos dientes variaba según la posición: los delanteros servían para aferrar a la presa, los laterales para desgarrarle la carne y los posteriores para empujar el alimento hacia la garganta.

Algunos dinosaurios carnívoros tenían dientes con forma cónica y bordes lisos, hecho que indica que se alimentaban de pescado. Es el caso del *Spinosaurus*, cuyos dientes recuerdan a los de un cocodrilo.

30 cm
Diente de
Tyrannosaurus rex
(escala 1:1)

El diente de dinosaurio más largo que se conoce pertenecía a un *Tyrannosaurus rex* ¡y mide 30 cm!

Parte visible

1 cm
Canino humano

Raíz

7.5cm

Tiburón blanco

HERBÍVOROS

Muchos dinosaurios herbívoros —o «vegetarianos», pues en aquel tiempo la hierba aún no existía— tenían un hocico córneo con dientes relativamente pequeños en el interior.

Los dientes del *Triceratops* eran anchos y estaban dispuestos en varias hileras, lo cual le proporcionaba una superficie de masticación muy amplia. El *Triceratops* frotaba los dientes entre sí y los utilizaba a modo de tijeras para partir las hojas.

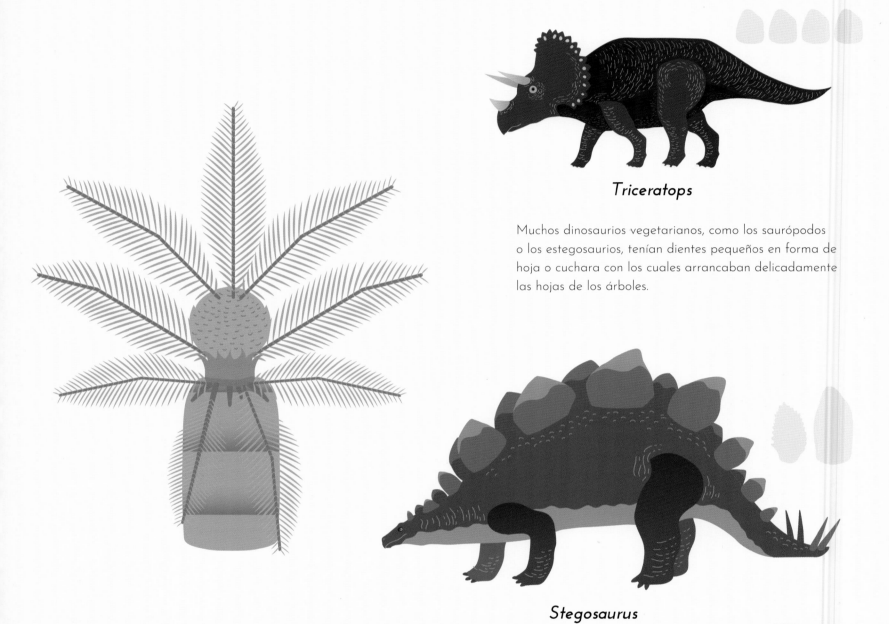

Triceratops

Muchos dinosaurios vegetarianos, como los saurópodos o los estegosaurios, tenían dientes pequeños en forma de hoja o cuchara con los cuales arrancaban delicadamente las hojas de los árboles.

Stegosaurus

Diplodocus

Como todos los dinosaurios, el *Diplodocus* cambiaba la dentadura con frecuencia: ¡cada 35 días le salían dientes nuevos! Los dientes del *Camarasaurus*, en cambio, se reemplazaban cada dos meses.

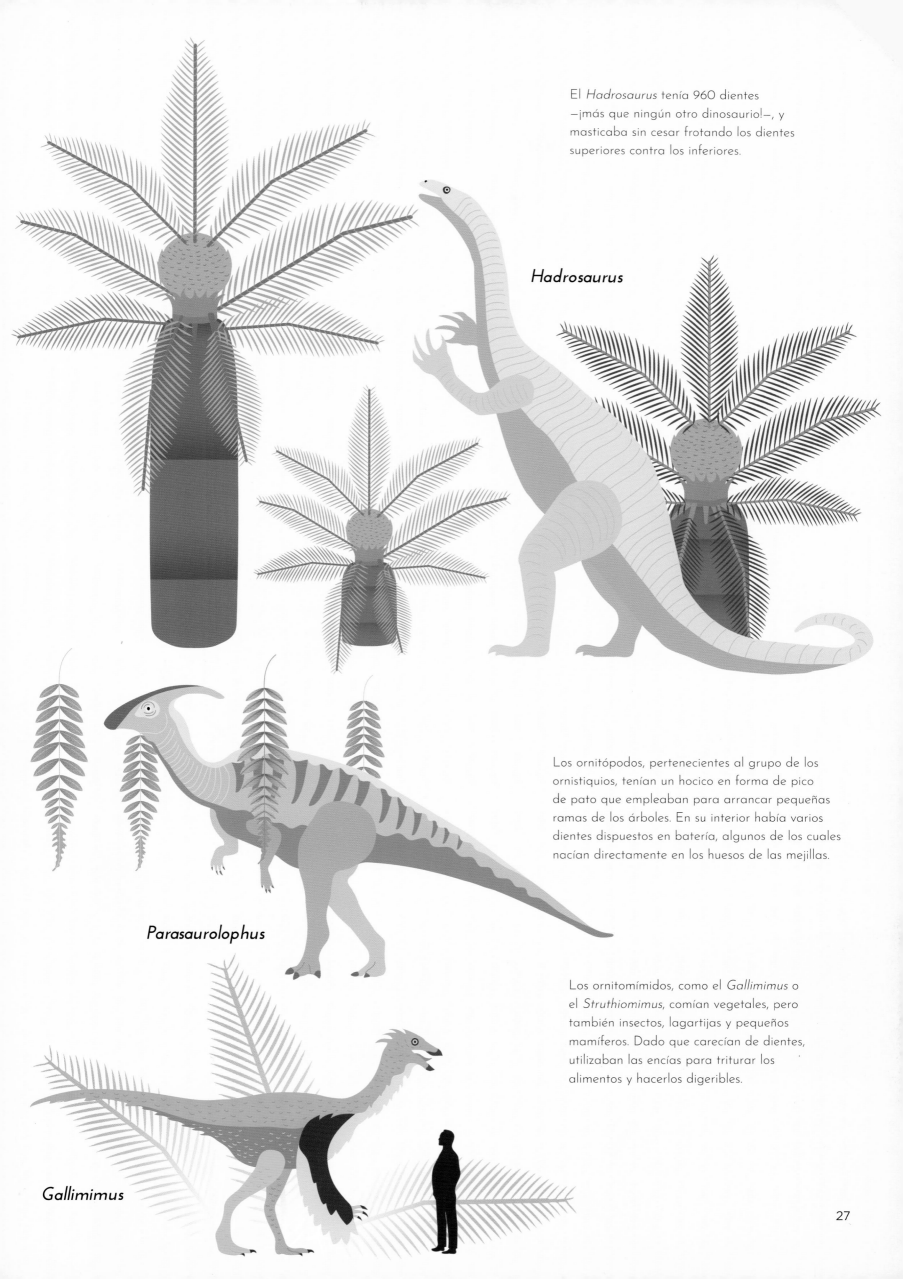

El *Hadrosaurus* tenía 960 dientes
—¡más que ningún otro dinosaurio!—, y
masticaba sin cesar frotando los dientes
superiores contra los inferiores.

Hadrosaurus

Los ornitópodos, pertenecientes al grupo de los
ornistiquios, tenían un hocico en forma de pico
de pato que empleaban para arrancar pequeñas
ramas de los árboles. En su interior había varios
dientes dispuestos en batería, algunos de los cuales
nacían directamente en los huesos de las mejillas.

Parasaurolophus

Los ornitomímidos, como el *Gallimimus* o
el *Struthiomimus*, comían vegetales, pero
también insectos, lagartijas y pequeños
mamíferos. Dado que carecían de dientes,
utilizaban las encías para triturar los
alimentos y hacerlos digeribles.

Gallimimus

PÚAS, CORAZAS
Y OTRAS ESTRATEGIAS DEFENSIVAS

Dentro de la cadena alimentaria, los herbívoros siempre son la presa y el alimento de los animales carnívoros, y así ocurría también con los dinosaurios. Los reptiles herbívoros del Mesozoico, no obstante, contaban con poderosas estrategias de defensa para sobrevivir a los ataques de sus depredadores. Cuanto mejores eran los recursos defensivos que tenían a su disposición, mayores posibilidades tenían de salvar la vida.

Algunas especies de dinosaurio eran capaces de emprender una velocísima fuga, mientras que otras, de acuerdo con el lema «la unión hace la fuerza», buscaban protección en el rebaño, como hacen los ñus actuales. Otras especies tenían en el cuerpo acorazado con armaduras, cuernos, garras, mazas y púas para defenderse mejor.

LÁTIGOS

Los saurópodos eran muy difíciles de atacar debido a su gigantesco tamaño. Cuando esto no bastaba para disuadir a sus enemigos, empleaban la cola como un látigo para mantenerlos a raya, igual que un domador de leones.

El *Supersaurus* y el *Brachiosaurus* se defendían usando la cola como un látigo.

ARMADURAS PROTECTORAS

Estaban formadas por unas placas óseas muy resistentes, de tamaño variable, llamadas «osteodermos» o «escudos». Estas placas eran parecidas a las que tienen algunos animales actuales como los cocodrilos o los armadillos.

El cuerpo de algunas especies estaba recubierto, además, de grandes púas o espinas. Por lo general, este tipo de protecciones se encontraban en el hocico y en los costados del cuerpo para evitar mordiscos en estas zonas tan delicadas.

A los dinosaurios con este tipo de protecciones se los denomina **«dinosaurios acorazados»**. Entre ellos se encontraba el anquilosaurio, al que podemos imaginar avanzando como un lento carro de combate (nunca se desplazaba a más de 10 km/h, debido a lo mucho que le pesaba la coraza).

Ankylosaurus

Ankylosaurus

Scelidosaurus

Stegosaurus

Cretácico

Tenía púas en el lomo, además de espinas en la cola y en los hombros.

Jurásico superior

Tenía púas en el lomo y espinas en la cola y en los hombros.

Jurásico inferior

Tenía placas óseas solo en el lomo.

COLAS CON FORMA DE MAZA

Ningún reptil actual posee una cola defensiva como la que tenía el *Ankylosaurus*, parecida a una enorme maza. Se componía de varios huesos soldados en una sola pieza.

El *Ankylosaurus*, dotado de una potente musculatura, balanceaba la cola de un lado a otro y golpeaba a sus agresores con tanta fuerza que podía romperles una pata o el tórax, e incluso causarles la muerte.

Cola en forma de maza de un *Ankylosaurus*.

Placas triangulares de un *Stegosaurus*.

Las espinas de un *Kentrosaurus* podían medir hasta 60 cm.

PÚAS Y PLACAS

Muchos dinosaurios, como el *Stegosaurus*, presentaban en el lomo una doble hilera de placas óseas con forma triangular. Esta protección se extendía desde el cuello hasta la cola.

Kentrosaurus

La cola estaba provista de dos o cuatro espinas de hasta 1 metro de longitud que, al ser agitadas, se convertían en un arma mortal para los grandes depredadores.

Bajadasaurus

El *Bajadasaurus pronuspinax*, un saurópodo de 10 metros de longitud, contaba con una protección muy peculiar: tenía el cuello cubierto de largas espinas curvadas hacia delante (que eran, en realidad, prolongaciones óseas de las vértebras cervicales). La existencia de este dinosaurio fue descubierta recientemente en Argentina.

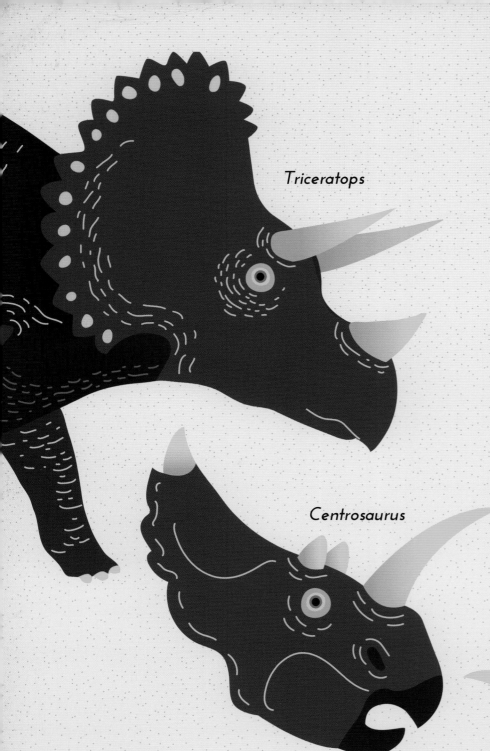

CUERNOS

Entre los dinosaurios con cuernos, el más célebre es sin duda el *Triceratops*, perteneciente a la familia de los ceratópsidos. Los ejemplares de esta especie tenían en la cabeza tres grandes cuernos de hueso sólido que nacían directamente del cráneo. Los dos cuernos situados encima de los ojos medían 1,2 metros de largo y tenían un diámetro de 30 centímetros en la base.

1,2 m

La cabeza de un *Triceratops* pesaba como mínimo media tonelada. Gracias a una peculiar articulación del cráneo, este dinosaurio tenía una gran capacidad de girar la cabeza y se encaraba a sus agresores para protegerse. ¡Los cálculos indican que embestía con fuerza suficiente como para atravesar un automóvil!

Triceratops

Centrosaurus

Styracosaurus

El *Triceratops* tenía un collar óseo cubierto de púas que le protegía el cuello, una de las partes más vulnerables del cuerpo. Otros ceratópsidos, en vez de púas, presentaban cuernos en este mismo lugar.

Pentaceratops
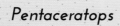

Los *Triceratops* defendían a los miembros más frágiles de la manada. Cuando aparecía un depredador dispuesto a atacar, los ejemplares más grandes y fuertes del grupo se colocaban delante de los más frágiles e indefensos y orientaban los cuernos hacia el agresor. Hoy en día, los bueyes almizcleros utilizan esta misma estrategia para defenderse de los lobos.

UÑAS

Algunas especies de dinosaurio estaban provistas de uñas especiales, con una o varias funciones específicas. El Iguanodon, por ejemplo, era un herbívoro de unos diez metros de longitud que recolectaba grandes cantidades de hojas. Es muy posible que para agarrar las ramas de los árboles se sirviera de los pulgares, dotados de una uña descomunal y tan distinta a la del resto de los dedos que, al principio, los paleontólogos la confundieron con un cuerno.

Cabe imaginar que, en caso de necesidad, esta uña podía emplearse como si fuera un puñal en la lucha cuerpo a cuerpo con un depredador.

Las uñas más asombrosas pertenecen, no obstante, al *Therizinosaurus*, un extraño dinosaurio del Cretácico provisto de unas garras en forma de hoz que podían llegar a medir 1 metro. ¡Tanto como un brazo humano!

Estas garras le servían para recoger hojas, pero también para ahuyentar a los depredadores.

1 m

Therizinosaurus

CUESTIÓN DE PIEL

Todo lo que sabemos sobre la piel de los dinosaurios lo han deducido los científicos a partir de los escasísimos restos fósiles disponibles. Estos fósiles nunca muestran la piel de los animales, sino tan solo las huellas de la piel que quedaron impresas en las rocas.

Se trata de unos restos muy poco frecuentes que se forman cuando el entorno es muy seco y el cuerpo de un animal muerto se deshidrata y se momifica antes de que empiece el proceso de fosilización.

dinosaurio

lagartija

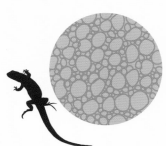

cocodrilo

ESCAMAS

Los indicios fósiles confirman que los dinosaurios tenían la piel dura y cubierta de escamas, como los reptiles de hoy en día. De hecho, observar a estos animales actuales es la mejor manera de imaginar cómo era la piel de los dinosaurios, aunque es improbable que todos ellos tuvieran el mismo tipo de escamas: ¡los dinosaurios experimentaron un proceso de diversificación que duró millones de años! Tampoco los reptiles actuales tienen todos el mismo tipo de piel: la de las lagartijas, por ejemplo, es muy distinta a la de los cocodrilos.

Edmontosaurus

Piel dura y gruesa, con pliegues en las articulaciones de las patas y el cuello para facilitar el movimiento.

Hadrosaurus y ornitópodos

Piel gruesa y con protuberancias óseas de distintos tamaños.

Psittacosaurus

Piel formada por escamas circulares. En la cola de un ejemplar se encontraron restos de cerdas huecas de hasta 16 centímetros de longitud, muy similares a las púas del puercoespín.

Tyrannosaurus rex

Piel cubierta de protuberancias.

PLUMAS

Hace más de un siglo y medio que se conoce el estrecho parentesco existente entre los dinosaurios y las aves, gracias al hallazgo de un pequeño reptil cubierto de plumas, el *Archaeopteryx*.

En 1990, el descubrimiento de un rico yacimiento de fósiles de dinosaurio cambió para siempre nuestra concepción de estos seres prehistóricos. En el yacimiento se hallaron restos de muchos animales distintos, aunque todos compartían un rasgo común:

presentaban, sin sombra de duda, estructuras de aspecto muy similar a la de las plumas.

Gracias a esos restos, hoy sabemos que muchos dinosaurios eran de sangre caliente, como las aves y los mamíferos, y necesitaban mantener el calor que producía su cuerpo. Las escamas no impedían que el calor corporal se dispersara, de modo que evolucionaron hacia una nueva estructura mucho más suave y cálida: el plumón.

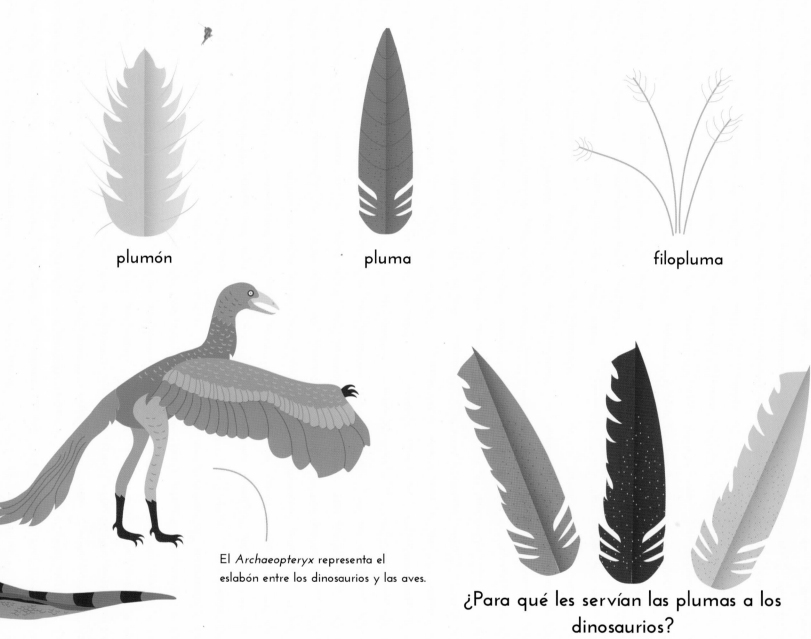

plumón

pluma

filopluma

El *Archaeopteryx* representa el eslabón entre los dinosaurios y las aves.

¿Para qué les servían las plumas a los dinosaurios?

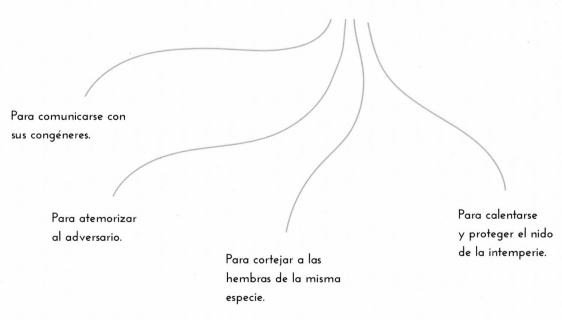

Con el tiempo, el plumón dio paso a las plumas, lo cual permitió a aquellos dinosaurios alzar el vuelo. Las plumas son ligeras y flexibles, pero también lo suficientemente resistentes como para sostener un cuerpo en el aire.

Actualmente, los científicos saben que los dinosaurios con plumas aparecieron a mediados del Mesozoico. Durante el periodo siguiente casi todos los terópodos las tenían, a excepción de las especies de mayor tamaño, como el *Tyrannosaurus rex*. Puede que el Tiranosaurio tuviera plumas al nacer, pero es casi seguro que los ejemplares adultos carecían de ellas.

Para comunicarse con sus congéneres.

Para atemorizar al adversario.

Para cortejar a las hembras de la misma especie.

Para calentarse y proteger el nido de la intemperie.

COLOR

Por desgracia, sabemos muy poco sobre el color de los dinosaurios. Los pigmentos responsables de la coloración no se conservan en la piel momificada, y mucho menos en los fósiles. Muchos paleontólogos creen que los dinosaurios, como muchos reptiles actuales, se servían de los colores y los patrones de la piel para camuflarse o identificarse.

No podemos descartar que existieran dinosaurios tan vivamente coloridos como algunos reptiles de hoy en día (por ejemplo, el camaleón o el lagarto agama). De ser así, las coloraciones brillantes y llamativas seguramente tenían como fin atraer a una pareja o alarmar a posibles intrusos y ahuyentarlos de un territorio.

¿Para qué servía el color de la piel?

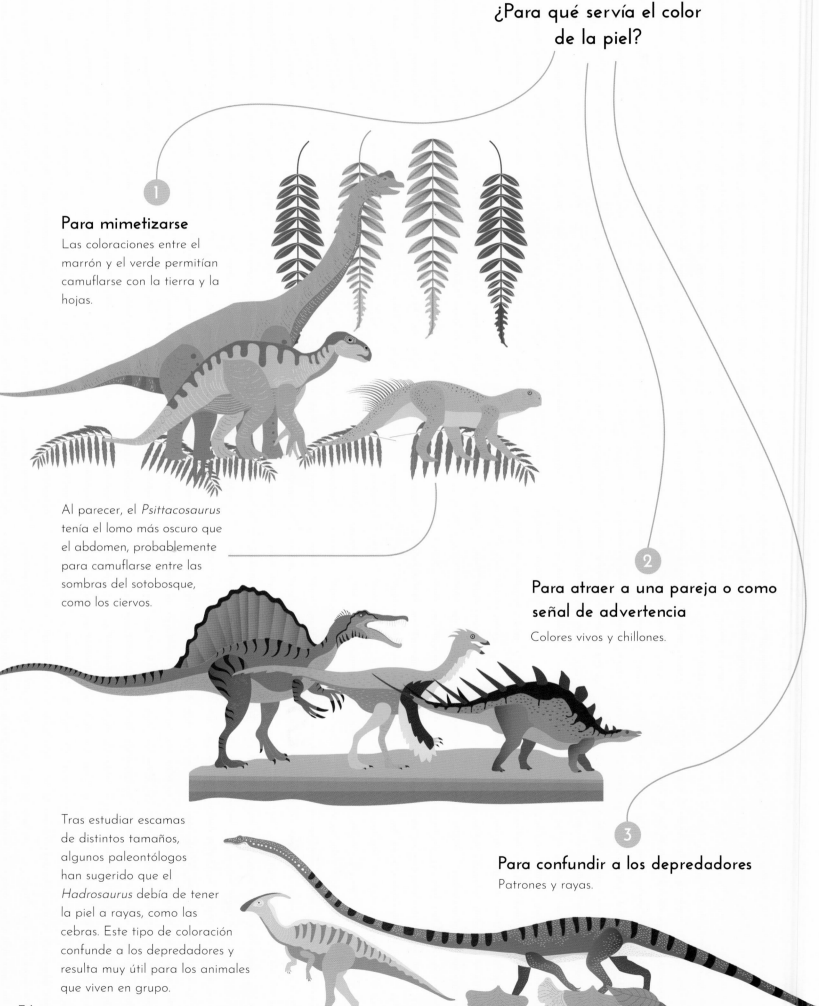

1

Para mimetizarse
Las coloraciones entre el marrón y el verde permitían camuflarse con la tierra y la hojas.

Al parecer, el *Psittacosaurus* tenía el lomo más oscuro que el abdomen, probablemente para camuflarse entre las sombras del sotobosque, como los ciervos.

2

Para atraer a una pareja o como señal de advertencia
Colores vivos y chillones.

Tras estudiar escamas de distintos tamaños, algunos paleontólogos han sugerido que el *Hadrosaurus* debía de tener la piel a rayas, como las cebras. Este tipo de coloración confunde a los depredadores y resulta muy útil para los animales que viven en grupo.

3

Para confundir a los depredadores
Patrones y rayas.

PLUMÓN

Los fósiles han podido conservar los melanosomas del plumón, unas minúsculas estructuras responsables de los colores que van del negro al gris, pasando por el marrón o el rojo.

Yi qi

Aunque tenía un plumaje negro, sabemos que la parte superior de la cabeza era de color ocre o amarillo.

Sinosauropteryx

Estaba cubierto de un plumón entre anaranjado y pardo, y la cola mostraba una sucesión de anillos blancos y negros.

Anchiornis

Tenía el cuerpo cubierto de plumas negras y grises, con flecos blancos en las alas. En la cabeza lucía una cresta de plumón rojo.

Microraptor

Tenía plumas de color negro iridiscente, como el actual miná religioso.

Serikornis

Exhibía una coloración que alternaba bandas claras y oscuras en las alas y en la cola.

BÍPEDOS Y CUADRÚPEDOS
PATAS, PEZUÑAS Y GARRAS

Nunca podremos ver a un dinosaurio real en movimiento… pero sí podemos estudiar cómo eran los huesos de las patas, analizar las huellas que se han conservado en los estratos rocosos y tratar de imaginar cómo se desplazaban.

A diferencia de los reptiles actuales, los dinosaurios mantenían el cuerpo muy separado del suelo gracias a sus fuertes patas. Los que eran buenos corredores, como los terópodos y los ornitópodos, tenían las patas largas, mientras que los gigantescos saurópodos necesitaban unas extremidades robustas como pilares para sostener el peso del cuerpo.

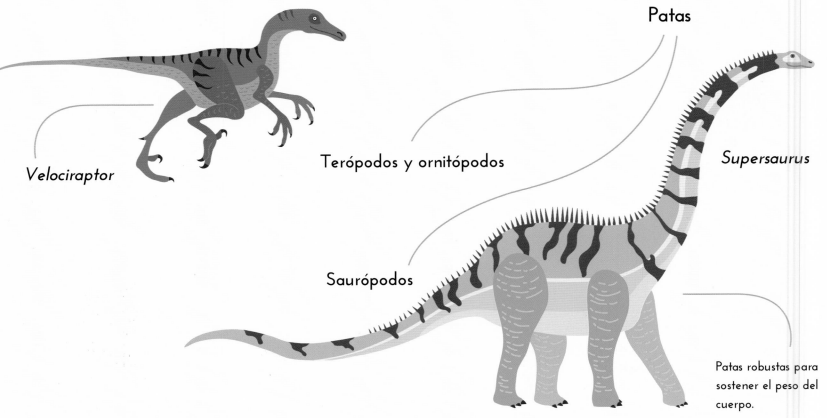

Patas

Terópodos y ornitópodos

Velociraptor

Supersaurus

Saurópodos

Patas robustas para sostener el peso del cuerpo.

Debemos distinguir los dinosaurios cuadrúpedos, que caminaban a cuatro patas, de los dinosaurios bípedos, provistos de unas sólidas patas posteriores que sostenían el peso del cuerpo y de unos bracitos muy cortos, sin función locomotora.

Algunos dinosaurios podían desplazarse de ambos modos según conviniera, más o menos como hacen hoy los osos y los gorilas.

BÍPEDOS

Las patas delanteras de los dinosaurios bípedos no tenían función locomotora: eran prensiles y servían para agarrar el alimento (tanto si se trataba de hojas como si eran presas).

CUADRÚPEDOS

Las extremidades delanteras de los dinosaurios cuadrúpedos podían ser más cortas que las traseras. Algunos dinosaurios eran capaces de levantar la parte delantera del cuerpo durante unos instantes, aunque para correr empleaban las cuatro patas.

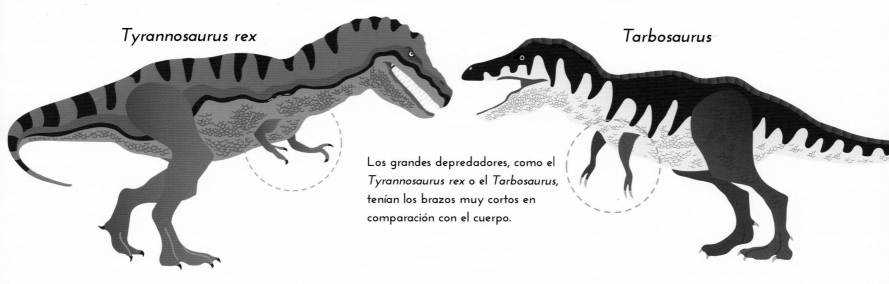

Tyrannosaurus rex

Tarbosaurus

Los grandes depredadores, como el *Tyrannosaurus rex* o el *Tarbosaurus*, tenían los brazos muy cortos en comparación con el cuerpo.

Terópodos

Los terópodos tenían unos pies similares a los de las aves, con tres dedos orientados hacia delante y una pequeña garra en la parte posterior.

Saurópodos

El pie de los saurópodos tenía una superficie de apoyo más amplia, gracias a las almohadillas que amortiguaban el peso de sus pasos.

Hadrosáuridos

Los dedos de los hadrosáuridos tenían, en la parte de abajo, unas almohadillas carnosas que se expandían en contacto con el suelo (semejantes a las del camello actual).

UÑAS

Los dedos de los dinosaurios terminaban en uñas. Los herbívoros, como el *Triceratops* y el *Hadrosaurus*, tenían pequeñas pezuñas, mientras que los carnívoros contaban con garras afiladas como cuchillas.

Algunos depredadores, conocidos con el nombre de «raptores», poseían garras con una de las falanges mucho más larga y afilada que el resto. Al caminar la mantenían separada del suelo para no lastimarla, pero durante los ataques la usaban para herir a sus presas.

Garra en forma de puñal de un *Velociraptor*

1 m
Therizinosaurus

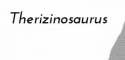

10 cm
Tyrannosaurus rex

9 cm
Velociraptor

Águila imperial

24 cm
Utahraptor

Tigre siberiano

¿Y los animales actuales?

20 cm
Armadillo gigante

Perezoso

10 cm

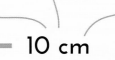

HUELLAS

El estudio de las huellas que dejaron los dinosaurios nos permite conocer la forma que tenían sus pies y la de las partes blandas que dejaron su impronta en la piedra, como si de un molde se tratara.

Saurópodos

Ceratopsios

Anquilosaurios

LOS MÁS VELOCES

Podemos deducir la velocidad a la que caminaba un dinosaurio gracias a un cálculo matemático aproximativo que tiene en cuenta la longitud de la zancada, las medidas de la pata y el tamaño corporal.

Uno de los dinosaurios más veloces que existieron es el *Ornithomimus*. Se cree que podía alcanzar los 70 km/h, como el avestruz. Se han encontrado huellas de *Ornithomimus* separadas más de tres metros unas de otras.

Terópodos

Las huellas tienen forma de tridente.

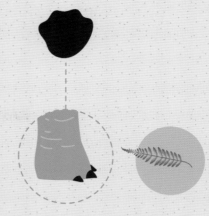

Saurópodos

Las huellas forman grandes huecos en el suelo.

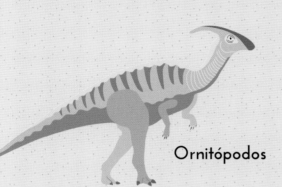

Ornitópodos

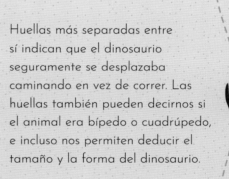

Pequeños terópodos

Grandes terópodos

Una secuencia de pisadas forma un rastro. Los rastros resultan útiles porque nos permiten comprender cómo se desplazaba un animal, a qué velocidad y si caminaba o corría. Huellas cercanas entre sí suelen indicar un paso veloz.

Huellas más separadas entre sí indican que el dinosaurio seguramente se desplazaba caminando en vez de correr. Las huellas también pueden decirnos si el animal era bípedo o cuadrúpedo, e incluso nos permiten deducir el tamaño y la forma del dinosaurio.

CÓMO SE FORMARON LAS HUELLAS FÓSILES

Cuando los dinosaurios caminaban sobre un suelo fangoso, las marcas que dejaban a su paso se secaban y se endurecían. Más tarde quedaron cubiertas por otros sedimentos que, al petrificarse con el paso del tiempo, contribuyeron a su conservación.

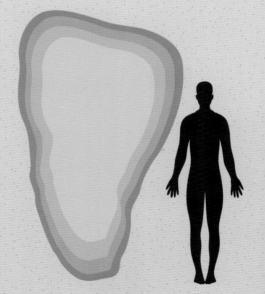

Una de las huellas más grandes que se conocen fue descubierta en 2017 en el noroeste de Australia. Se trata de un hueco con forma de vasija que mide 1,7 metros de diámetro. Corresponde a un saurópodo de más de 5 metros de altura que vivió hace unos 130 millones de años.

NIDOS, HUEVOS Y
CRÍAS DE DINOSAURIO

HUEVOS

Los dinosaurios, al igual que los reptiles y las aves, ponían huevos para reproducirse. El tamaño, la forma y el número de huevos puestos variaban en función de la especie. Algunas de sus características, como la forma o la estructura de la cáscara, resultan de gran utilidad para averiguar a qué familia de dinosaurios pertenecían (terópodos, saurópodos u otros tipos de dinosaurio).

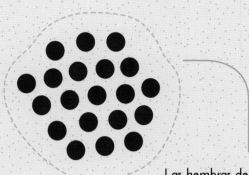

Las hembras de dinosaurio podían llegar a poner hasta 20 huevos. Gran parte de ellos, sin embargo, eran devorados por depredadores antes de abrirse.

21 cm
Protoceratops

40 cm
Tarbosaurus

21,5 cm
Titanosaurus

15 cm
Hadrosaurus

15 cm
Oviraptor

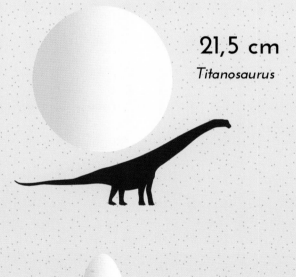

Terópodos
Forma alargada

Saurópodos, ornitópodos y otros herbívoros
Forma redondeada

18 cm
Huevo de avestruz

FORMA Y TAMAÑO

Cabe suponer que la forma de los huevos estaba relacionada con su disposición en el lugar de anidamiento. Probablemente, los de forma alargada eran depositados en espacios más reducidos, y sin duda era mucho más difícil que pudieran rodar.

Los paleontólogos tienen razones para suponer que los huevos de dinosaurio nunca superaban los 60 centímetros de longitud. Cuanto mayor era el huevo, más espesa tenía que ser la cáscara a través de la cual pasaba el oxígeno que el embrión necesitaba para sobrevivir. Tanto el grosor de la cáscara como las dimensiones del huevo estaban, pues, sujetos a los límites que impone la naturaleza.

ESPESOR DE LA CÁSCARA

La cáscara más gruesa que se ha encontrado mide 6 milímetros. La superficie del huevo presenta una serie de poros que servían para que el embrión pudiera respirar y contara con el nivel adecuado de humedad. El número de huevos de cada puesta variaba en función de la especie.

espesor de la cáscara
2,3 mm

superficie porosa

huevos poco porosos
más cerca de la superficie

huevos muy porosos
depositados bajo tierra

48 cm
Segnosaurus

China, Mongolia, Argentina, India y Norteamérica son los lugares donde se han encontrado mayor cantidad de huevos de dinosaurio.

COLOR

No sabemos a ciencia cierta de qué color eran los huevos de dinosaurio. Estudios recientes realizados en la Universidad de Yale han demostrado que algunas especies ponían huevos de colores y con manchas para camuflarlos mejor en el entorno, como hacen algunos pájaros actuales. Probablemente, los huevos que se ponían bajo tierra eran blancos, mientras que los que se ponían al aire libre, como los del *Oviraptor*, eran pigmentados.

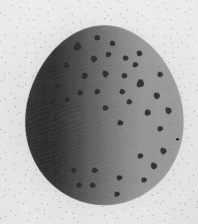

Parece ser que los huevos del género *Heyuannia* eran de color azul, como los de los emúes y los casuarios.

Las cáscaras moteadas o con manchas permitían que los huevos quedaran bien camuflados en el entorno.

NIDOS

Los huevos de dinosaurio se depositaban siempre dentro de un nido. Cada especie los disponía a su manera: algunas lo hacían en espiral, otras en fila y otras sin seguir ningún orden concreto.

Es probable que algunos dinosaurios colocaran plantas sobre el nido para que el calor procedente de la descomposición de las hojas mantuviera la temperatura de los huevos hasta su eclosión.

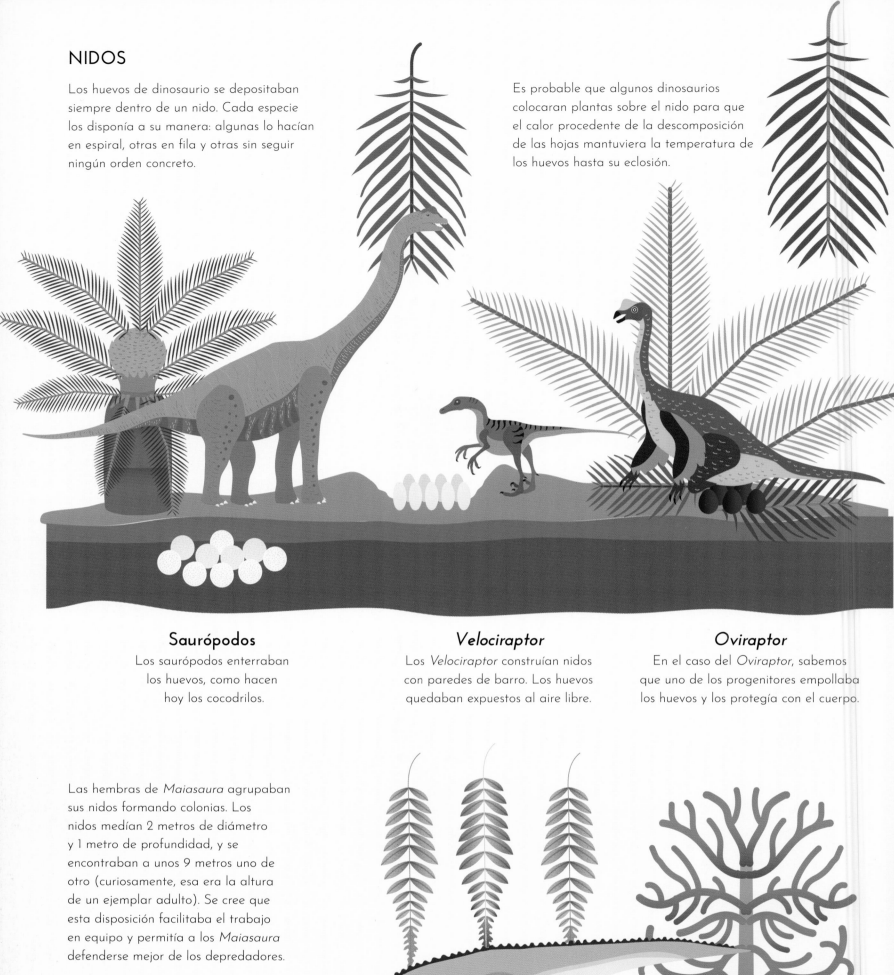

Saurópodos
Los saurópodos enterraban los huevos, como hacen hoy los cocodrilos.

Velociraptor
Los *Velociraptor* construían nidos con paredes de barro. Los huevos quedaban expuestos al aire libre.

Oviraptor
En el caso del *Oviraptor*, sabemos que uno de los progenitores empollaba los huevos y los protegía con el cuerpo.

Las hembras de *Maiasaura* agrupaban sus nidos formando colonias. Los nidos medían 2 metros de diámetro y 1 metro de profundidad, y se encontraban a unos 9 metros uno de otro (curiosamente, esa era la altura de un ejemplar adulto). Se cree que esta disposición facilitaba el trabajo en equipo y permitía a los *Maiasaura* defenderse mejor de los depredadores.

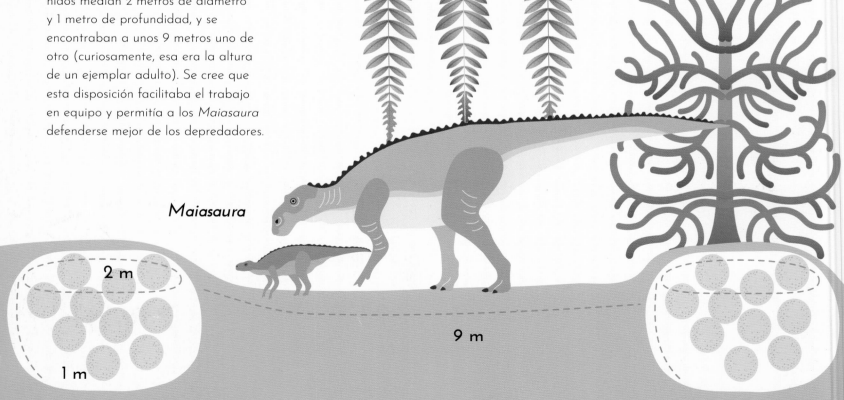

Maiasaura

2 m

1 m

9 m

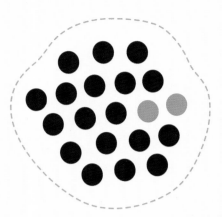

Las crías de dinosaurio debían de tener una tasa de mortalidad parecida a la de los reptiles y las aves actuales. Probablemente, solo el 10 o el 15 % de los ejemplares lograban sobrevivir al primer año de vida.

CRÍAS

Es posible que, como ocurre con los cocodrilos o las tortugas, el sexo de las crías dependiera de la temperatura del entorno. Así, cuando el tiempo era especialmente cálido, podían nacer más machos, mientras que si las temperaturas descendían unos grados predominaban las hembras. Nada más salir del cascarón, las crías se enfrentaban a las grandes dificultades de la vida: encontrar alimento, crecer y... ¡sobrevivir!

Los restos fósiles han mostrado que las crías de *Troodon*, justo después de nacer, eran lo suficientemente fuertes como para caminar y abandonar el nido, tal y como hacen hoy en día los polluelos de pato.

En cambio, algunas crías de *Hadrosaurus*, pese a no tener las patas tan desarrolladas como para caminar, muestran cierto desgaste en los dientes. Se cree que, durante las primeras semanas de vida, sus progenitores las cuidaban y les llevaban comida al nido.

Las hembras de saurópodo eran 2500 veces más grandes que sus crías recién nacidas.

El crecimiento de los saurópodos era el más espectacular de todos. Las crías, al nacer, pesaban menos de 5 kilos, pero treinta años más tarde podían alcanzar un peso diez mil veces superior. Ningún otro animal terrestre, ni vivo ni extinto, ha experimentado jamás un ritmo de crecimiento tan extraordinario.

LA VIDA EN GRUPO
MANADAS Y REBAÑOS

¿POR QUÉ VIVIR EN COMPAÑÍA?

No todos los dinosaurios llevaban una vida solitaria. Se han hallado yacimientos con varios ejemplares de una misma especie, lo cual parece indicar que algunos de ellos vivían en grupo. Lo más probable es que los miembros de estas manadas murieran al mismo tiempo a causa de algún cataclismo (como un terremoto, una tormenta de arena o una lluvia de ceniza provocada por la erupción de un volcán).

REBAÑOS

En otros casos, se ha encontrado el rastro de varios dinosaurios que caminaban juntos. Muchos herbívoros vivían y se desplazaban en rebaño, e incluso es posible que se alimentaran y anidaran juntos. Vivir en comunidad les proporcionaba una mayor protección frente a los ataques de los depredadores.

Existe la posibilidad de que algunos rebaños fueran tan solo ocasionales y estuvieran formados por dinosaurios que se limitaban a compartir zonas de pasto.

Se cree que algunas especies de dinosaurio realizaban grandes migraciones en busca de alimento a lo largo del año.

Durante la marcha, los miembros más jóvenes del grupo ocupaban la parte central del rebaño para estar más protegidos.

Vivir en rebaño significaba caminar en grupo. Es posible que, durante la marcha, algunos miembros del grupo pisaran los pies o la cola de otros, como sugieren algunas lesiones óseas.

MANADAS

Las huellas de los grandes depredadores ponen de manifiesto que estos dinosaurios preferían la vida solitaria. Cazaban de un modo parecido al que emplean los tigres de hoy en día. Los carnívoros de menor tamaño, en cambio, cazaban en grupo, como los actuales lobos o como los licaones. Esto les permitía aunar fuerzas para ser más eficaces y abatir presas mucho mayores que ellos.

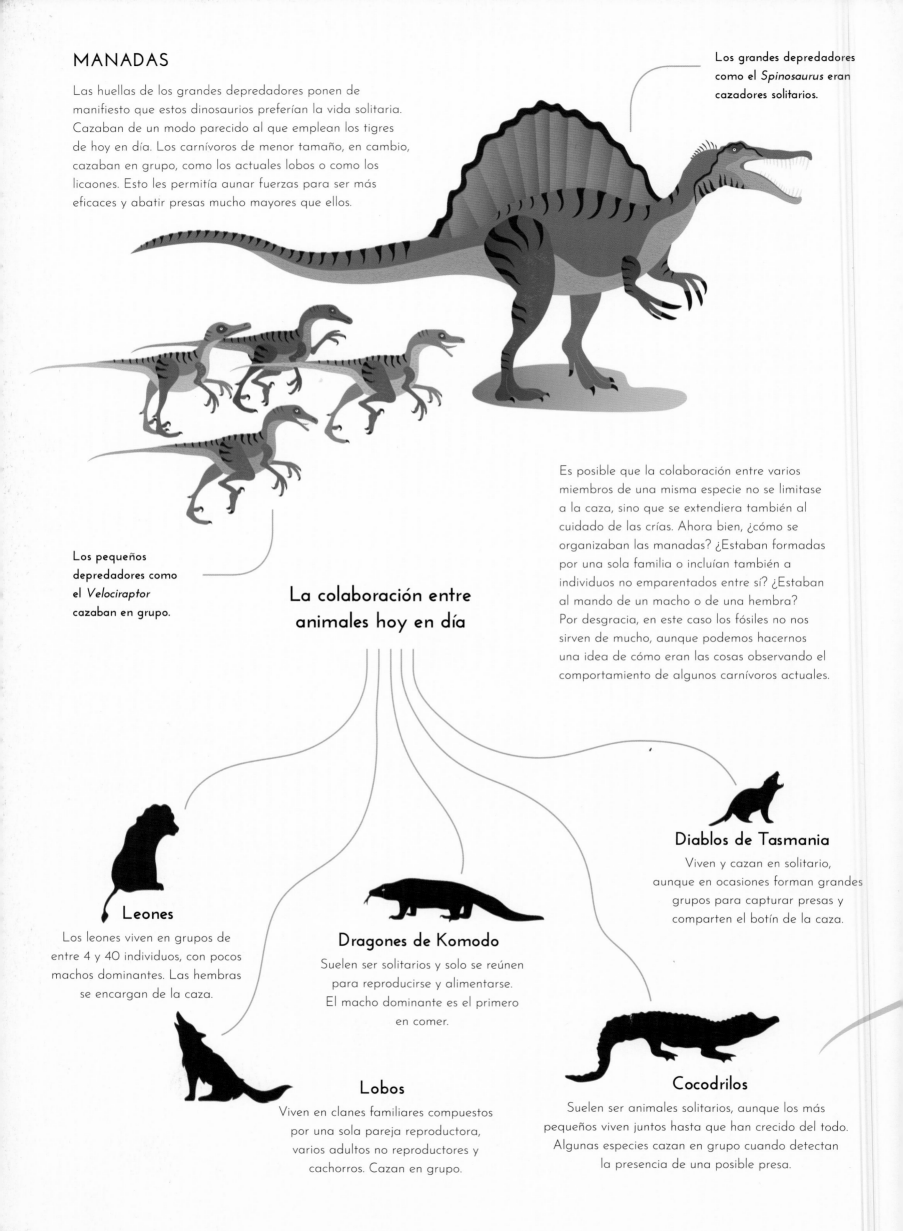

Los grandes depredadores como el *Spinosaurus* eran cazadores solitarios.

Los pequeños depredadores como el *Velociraptor* cazaban en grupo.

Es posible que la colaboración entre varios miembros de una misma especie no se limitase a la caza, sino que se extendiera también al cuidado de las crías. Ahora bien, ¿cómo se organizaban las manadas? ¿Estaban formadas por una sola familia o incluían también a individuos no emparentados entre sí? ¿Estaban al mando de un macho o de una hembra? Por desgracia, en este caso los fósiles no nos sirven de mucho, aunque podemos hacernos una idea de cómo eran las cosas observando el comportamiento de algunos carnívoros actuales.

La colaboración entre animales hoy en día

Leones
Los leones viven en grupos de entre 4 y 40 individuos, con pocos machos dominantes. Las hembras se encargan de la caza.

Dragones de Komodo
Suelen ser solitarios y solo se reúnen para reproducirse y alimentarse. El macho dominante es el primero en comer.

Diablos de Tasmania
Viven y cazan en solitario, aunque en ocasiones forman grandes grupos para capturar presas y comparten el botín de la caza.

Lobos
Viven en clanes familiares compuestos por una sola pareja reproductora, varios adultos no reproductores y cachorros. Cazan en grupo.

Cocodrilos
Suelen ser animales solitarios, aunque los más pequeños viven juntos hasta que han crecido del todo. Algunas especies cazan en grupo cuando detectan la presencia de una posible presa.

¿CÓMO ERA UNA INCURSIÓN DE CAZA?

Imaginemos la escena siguiente: una manada de *Dromaeosaurus*, después de perseguir a una presa durante varios días, consigue rodearla y dejarla exhausta. Por muy grande que sea la presa, lo tiene difícil para escapar de sus verdugos, que la atacan a zarpazos o a mordiscos por todo el cuerpo. Por si esto fuera poco, cada vez que consigue derribar a alguno de sus adversarios, aparece otro que lo sustituye. La víctima queda literalmente hecha pedazos y, debilitada por la pérdida de sangre, no tarda en convertirse en fuente de alimento para toda la manada...

LA VIDA EN PAREJA:
SELECCIÓN Y CORTEJO

El apareamiento de los animales suele ir precedido de un ritual de cortejo, durante el cual uno o varios machos abordan a una hembra, quien elige entre todos ellos a su consorte. No sabemos con certeza si también los dinosaurios se comportaban así, pero parece una hipótesis razonable.

El cortejo y la selección son indispensables para que las especies puedan perpetuarse. De hecho, elegir al compañero más sano y fuerte es una manera natural de incrementar las probabilidades de que la descendencia sea igualmente sana y viva lo suficiente como para, a su vez, aparearse y reproducirse.

ORNAMENTOS

Los machos tenían la necesidad de llamar la atención de las hembras. Para ello podía serles útil exhibir colores llamativos o determinadas particularidades físicas como cuernos y crestas de gran tamaño. ¡Algunas especies poseían ornamentos francamente extravagantes para llamar la atención!

Monolophosaurus jiangi

Este terópodo vivió en Asia hace 170 millones de años y presentaba un aspecto insólito. Es probable que la cresta ósea que le adornaba la cabeza sirviera para atraer a las hembras y para amplificar su grito de llamada.

Cryolophosaurus

Exhibía una vistosa cresta que nacía en la parte posterior del cráneo, justo encima de los ojos, y luego se doblaba hacia delante. Esta protuberancia, fina y con surcos, recuerda vagamente la peineta de las bailaoras flamencas. Dada su fragilidad, es probable que solo sirviera para impresionar a las hembras durante el ritual de cortejo.

Por regla general, las hembras no poseían características tan vistosas como los machos, lo cual implica un evidente dimorfismo sexual (es decir, una clara diferencia de aspecto entre los miembros de uno y otro sexo). Los machos jóvenes presentaban estructuras óseas incipientes que crecían con la edad. No podemos descartar que los dinosaurios, en especial los carnívoros, practicaran danzas de cortejo en espacios abiertos que harían las veces de escenario.

Dilophosaurus

Poseía, en la parte superior del cráneo, dos crestas prominentes formadas por una extensión de los huesos nasales y lagrimales. Eran estructuras muy delicadas y las empleaban para cortejar a las hembras y para identificar a otros individuos de la misma especie.

LA LUCHA

Para poder reproducirse, los machos tenían que ahuyentar al resto de los pretendientes. La forma más sencilla de conseguirlo consistía en asustarlos, pero cuando esto no bastaba recurrían al enfrentamiento físico. Se libraban, así, crudas peleas de machos destinadas a demostrar quién era el más fuerte y a dejar claro, en las especies con vida social, cuál era la jerarquía interna del grupo. Sabemos, por ejemplo, que los enormes machos de *Apatosaurus* se desafiaban por parejas y se golpeaban y empujaban con el largo cuello.

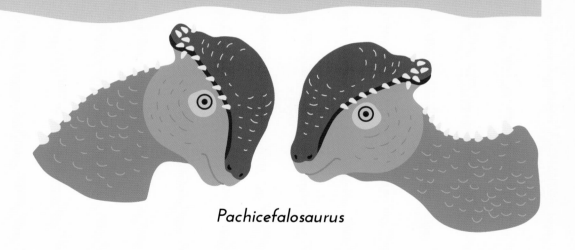

El *Pachycephalosaurus* tenía el cráneo redondo como un balón, reforzado en la nuca y con púas y protuberancias a ambos lados. La parte superior de los huesos craneales podía alcanzar los 20 centímetros de espesor. Los científicos creen que esta estructura servía para amortiguar los golpes cuando los machos que competían entre sí se embestían a cabezazos (como hacen hoy en día las cabras montesas).

Pachicefalosaurus

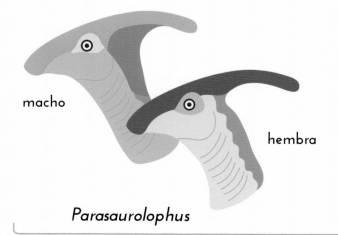

macho

hembra

Parasaurolophus

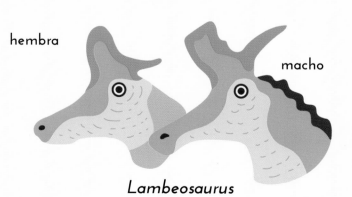

hembra

macho

Lambeosaurus

Los machos y las hembras del *Lambeosaurus* y del *Parasaurolophus* presentaban unas crestas muy vistosas. La cresta del *Lambeosaurus* era prominente y redondeada, mientras que la del *Parasaurolophus* era alargada y apuntaba hacia atrás.

En ambas especies, la cresta de los machos era de mayor tamaño que la de las hembras y tenía por función intimidar a posibles rivales. Además, al ser hueca, actuaba como caja de resonancia para aumentar la potencia de la voz y las llamadas de reclamo.

¡A VOLAR!
LA EVOLUCIÓN DE LAS AVES

Hoy por hoy, se considera un hecho probado que los pájaros descienden directamente de los dinosaurios carnívoros, de quienes son una especie de tataranietos. No ocurre lo mismo con los cocodrilos, que comparten con los dinosaurios un antepasado común mucho más remoto y son, por tanto, «primos» bastante más lejanos.

EL ANTEPASADO DE LAS AVES

Si las observamos atentamente, las aves poseen rasgos que las asemejan mucho a los dinosaurios, o al menos a ciertos bípedos carnívoros que, como ellas, tenían plumas.

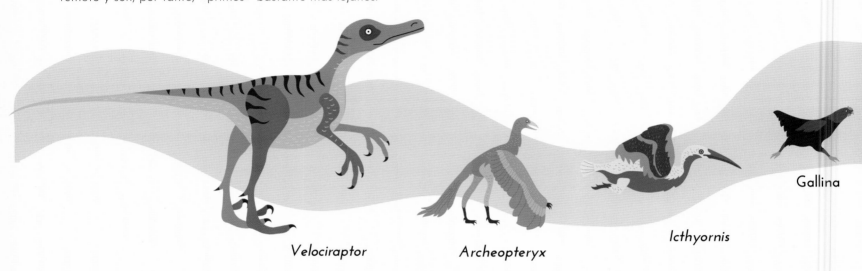

Velociraptor

Archeopteryx

Icthyornis

Gallina

El animal más antiguo y similar a un ave que conocemos es el *Archaeopteryx*, que tenía el tamaño de un faisán y vivió en el Jurásico superior, hace unos 150 millones de años. Algunos rasgos de esta especie, como la larga cola huesuda o la presencia de dientes, la asemejan al *Compsognathus*, un pequeño dinosaurio que vivió en el mismo periodo. La principal diferencia entre ambos reside en las plumas, presentes tan solo en el *Archaeopteryx*.

Las aves se consideran descendientes de los terópodos, unos dinosaurios que caminaban sobre dos patas y se nutrían principalmente de carne.

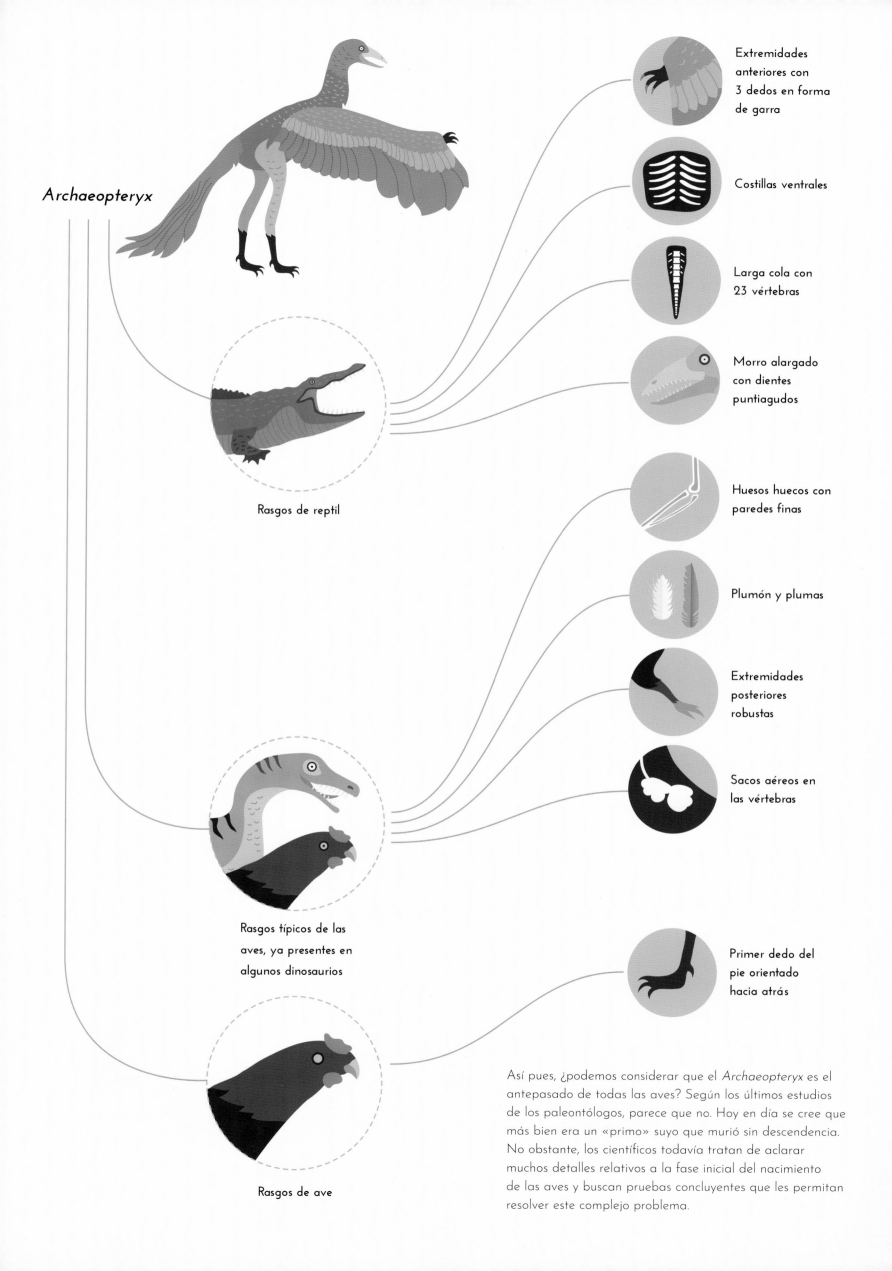

Archaeopteryx

Extremidades anteriores con 3 dedos en forma de garra

Costillas ventrales

Larga cola con 23 vértebras

Morro alargado con dientes puntiagudos

Rasgos de reptil

Huesos huecos con paredes finas

Plumón y plumas

Extremidades posteriores robustas

Sacos aéreos en las vértebras

Rasgos típicos de las aves, ya presentes en algunos dinosaurios

Primer dedo del pie orientado hacia atrás

Rasgos de ave

Así pues, ¿podemos considerar que el *Archaeopteryx* es el antepasado de todas las aves? Según los últimos estudios de los paleontólogos, parece que no. Hoy en día se cree que más bien era un «primo» suyo que murió sin descendencia. No obstante, los científicos todavía tratan de aclarar muchos detalles relativos a la fase inicial del nacimiento de las aves y buscan pruebas concluyentes que les permitan resolver este complejo problema.

¿CÓMO EMPEZARON A VOLAR LAS AVES?

Los paleontólogos todavía no tienen una respuesta clara a esta pregunta y manejan varias hipótesis. Sabemos que muchos terópodos pequeños tenían las extremidades delanteras cubiertas de plumas y que, aunque no dominaban el vuelo activo, eran capaces de planear. Esto significa que podían dejarse transportar por el aire sin gastar energía, pese a que no sabían despegar.

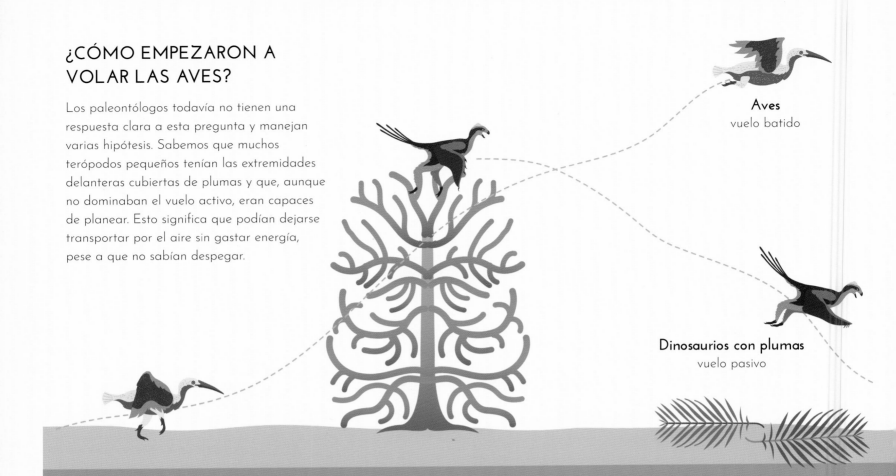

Aves
vuelo batido

Dinosaurios con plumas
vuelo pasivo

Las aves practican el vuelo batido, que exige un consumo considerable de energía dada la amplitud de los movimientos que realizan con las alas (sobre todo en la zona de las «manos» y los hombros). Los huesos que corresponden a esas partes evolucionaron de forma notable.

Para despegar y volar es necesario tener...

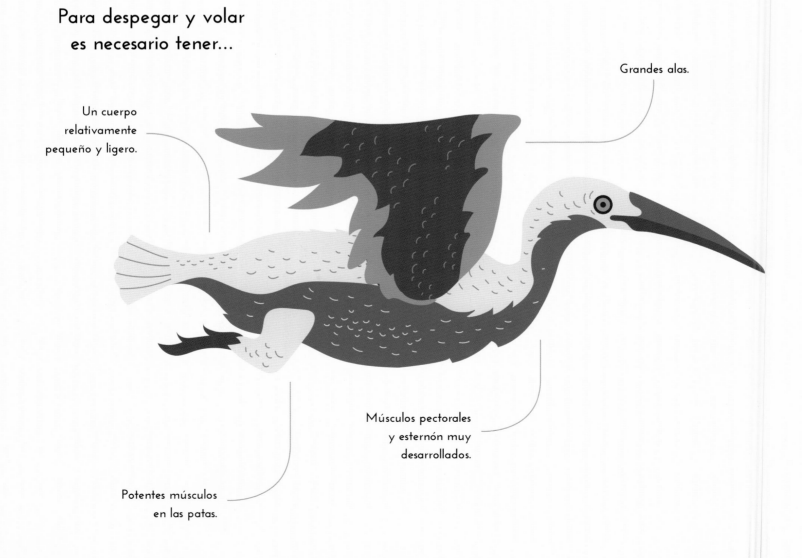

Un cuerpo relativamente pequeño y ligero.

Grandes alas.

Músculos pectorales y esternón muy desarrollados.

Potentes músculos en las patas.

Existen dos teorías que pretenden explicar el inicio del vuelo de las aves: la arbórea y la terrestre. Quienes defienden la primera, afirman que los antepasados de las aves modernas saltaban de rama en rama: primero lo hacían planeando y, más adelante, empezaron a volar de forma activa.

La segunda teoría sostiene que el vuelo surgió como un resultado de la carrera. Sus partidarios creen que los animales corrían con las alas abiertas y en movimiento para mejorar la estabilidad. Empezaron a dar saltos cada vez más largos, después pasaron al despegue y, finalmente, al vuelo.

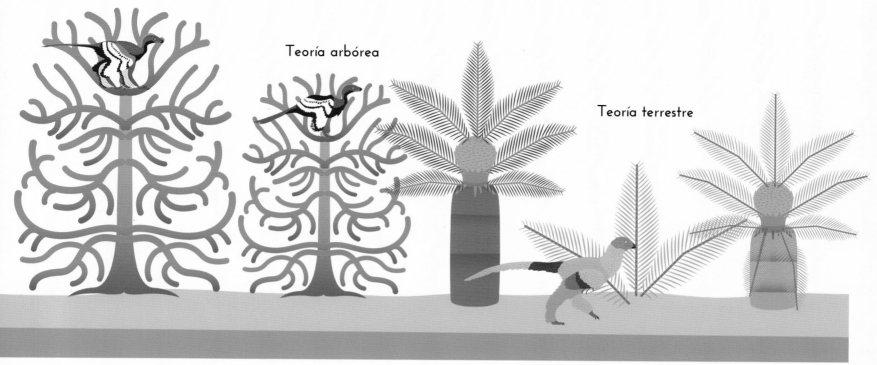

Teoría arbórea

Teoría terrestre

La evolución y transformación de los dinosaurios en aves comportó varios cambios:

¿CUÁL FUE EL ANTEPASADO DE LAS AVES ACTUALES?

Todavía no se sabe. Fuera cual fuera su aspecto, se cree que era de dimensiones más bien reducidas y que se reproducía a gran velocidad. Tales características le permitieron, muy probablemente, sobrevivir a la gran extinción que asoló la Tierra hace 65 millones de años. Este remoto antepasado dio origen a los principales grupos de aves que conocemos hoy en día.

Actualmente existen en el mundo unas 10 000 especies de aves, que se subdividen en dos grupos: el de los paleognatos, es decir, aquellos que no pueden volar (como el avestruz, el kiwi, el emú o el ñandú), y el de los neognatos, que incluye al resto de las aves.

ESQUELETO

Los huesos disminuyeron de tamaño y se volvieron más finos. Algunos de ellos se unieron, como los del pie y las últimas cinco vértebras de la cola. La larga cola quedó reemplazada por plumas.

ALAS

Se alargaron cada vez más y desaparecieron los dedos articulados.

MÚSCULOS

Los músculos pectorales aumentaron de tamaño y, como consecuencia, creció la superficie del esternón al que estaban unidos. También se desarrolló una quilla.

DIENTES

Desaparecieron los dientes y quedó únicamente el pico.

LOS SEÑORES DEL CIELO
LOS PTEROSAURIOS

En la era de los dinosaurios, el cielo estaba dominado por reptiles voladores de distintos tamaños y con diferentes costumbres, pero con una estructura corporal prácticamente idéntica. Eran los pterosaurios o reptiles voladores.

pterosaurios

dinosaurios

Triásico

Jurásico

Cretácico

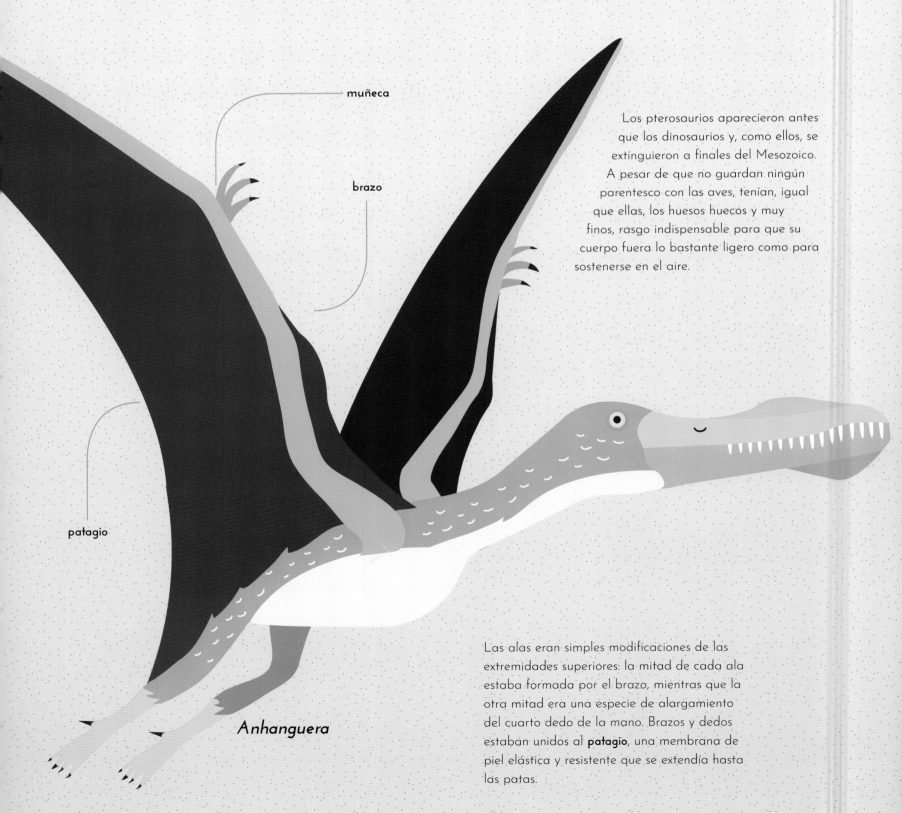

muñeca

brazo

Los pterosaurios aparecieron antes que los dinosaurios y, como ellos, se extinguieron a finales del Mesozoico. A pesar de que no guardan ningún parentesco con las aves, tenían, igual que ellas, los huesos huecos y muy finos, rasgo indispensable para que su cuerpo fuera lo bastante ligero como para sostenerse en el aire.

patagio

Anhanguera

Las alas eran simples modificaciones de las extremidades superiores: la mitad de cada ala estaba formada por el brazo, mientras que la otra mitad era una especie de alargamiento del cuarto dedo de la mano. Brazos y dedos estaban unidos al **patagio**, una membrana de piel elástica y resistente que se extendía hasta las patas.

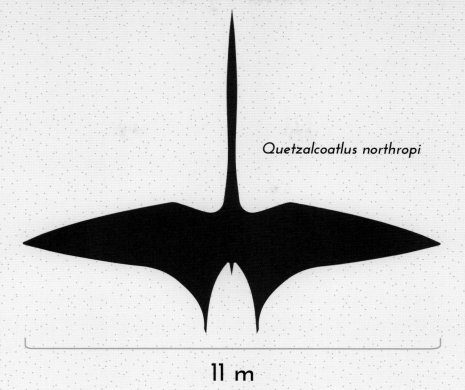

Quetzalcoatlus northropi

Las dimensiones de los pterosaurios variaban mucho. El más grande de todos, el *Quetzalcoatlus*, aventajaba en tamaño a cualquier ave que haya existido jamás.

11 m

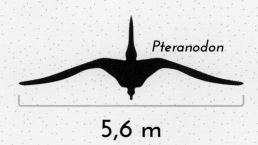

Pteranodon

5,6 m

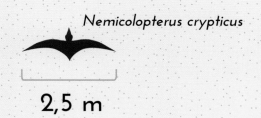

Nemicolopterus crypticus

2,5 m

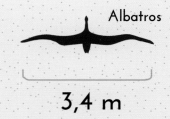

Albatros

3,4 m

Águila real

2,3 m

AVES Y PTEROSAURIOS

La principal diferencia entre los pterosaurios y las aves tiene que ver precisamente con las alas.

1

ALAS

Las alas de los pterosaurios se parecían a las de los murciélagos.

2

PLUMAS

Los pterosaurios no tenían plumas.

3

COLA

Los pterosaurios tenían huesos en la cola.

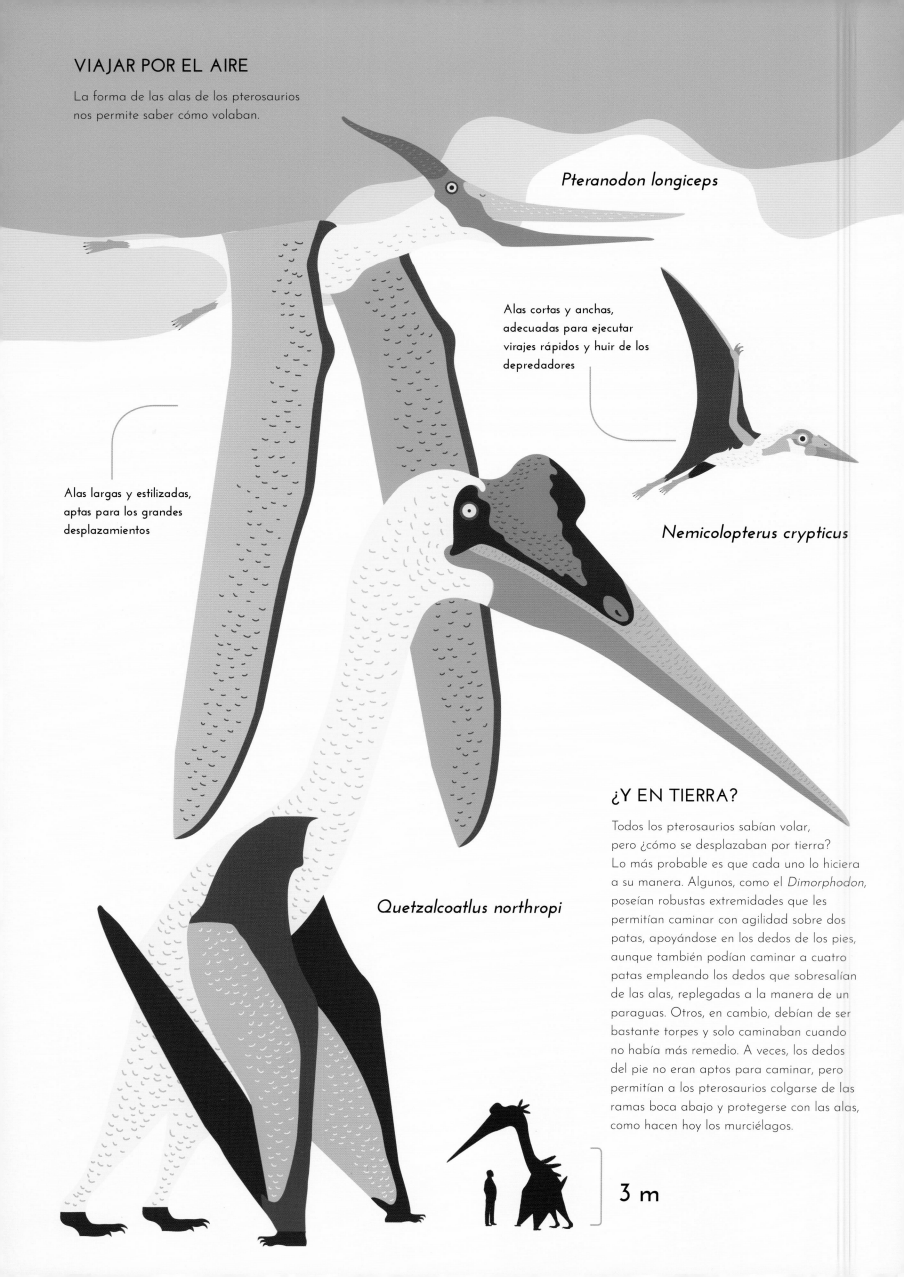

VIAJAR POR EL AIRE

La forma de las alas de los pterosaurios nos permite saber cómo volaban.

Pteranodon longiceps

Alas cortas y anchas, adecuadas para ejecutar virajes rápidos y huir de los depredadores

Alas largas y estilizadas, aptas para los grandes desplazamientos

Nemicolopterus crypticus

Quetzalcoatlus northropi

¿Y EN TIERRA?

Todos los pterosaurios sabían volar, pero ¿cómo se desplazaban por tierra? Lo más probable es que cada uno lo hiciera a su manera. Algunos, como el *Dimorphodon*, poseían robustas extremidades que les permitían caminar con agilidad sobre dos patas, apoyándose en los dedos de los pies, aunque también podían caminar a cuatro patas empleando los dedos que sobresalían de las alas, replegadas a la manera de un paraguas. Otros, en cambio, debían de ser bastante torpes y solo caminaban cuando no había más remedio. A veces, los dedos del pie no eran aptos para caminar, pero permitían a los pterosaurios colgarse de las ramas boca abajo y protegerse con las alas, como hacen hoy los murciélagos.

3 m

¿QUÉ COMÍAN LOS PTEROSAURIOS?

Muchos pterosaurios tenían un pico muy grueso, provisto de dientes cuyo número y forma variaban en función de la dieta.

dientes largos y finos
peces, insectos, otros reptiles

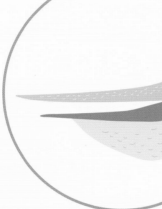

dientes grandes
moluscos y crustáceos

sin dientes
peces

dientes largos y muy finos, como barbas
peces, insectos, otros reptiles

CABEZAS CRESTADAS

Muchos pterosaurios desarrollaron crestas óseas de formas y tamaños variables, que en algunos casos tenían vistosos colores. Les servían para distinguir a los machos de las hembras y para reconocerse entre individuos de otras especies.

Los machos probablemente exhibían las crestas durante el cortejo. Las estructuras más largas, como la de *Pteranodon*, servían como contrapeso para equilibrar el largo morro, mientras que las crestas cortas y redondeadas se empleaban como timón durante el vuelo.

CLASIFICACIÓN

Hasta el momento, se conocen unas 150 especies de pterosaurio, aunque los científicos creen que quedan muchas más por descubrir.

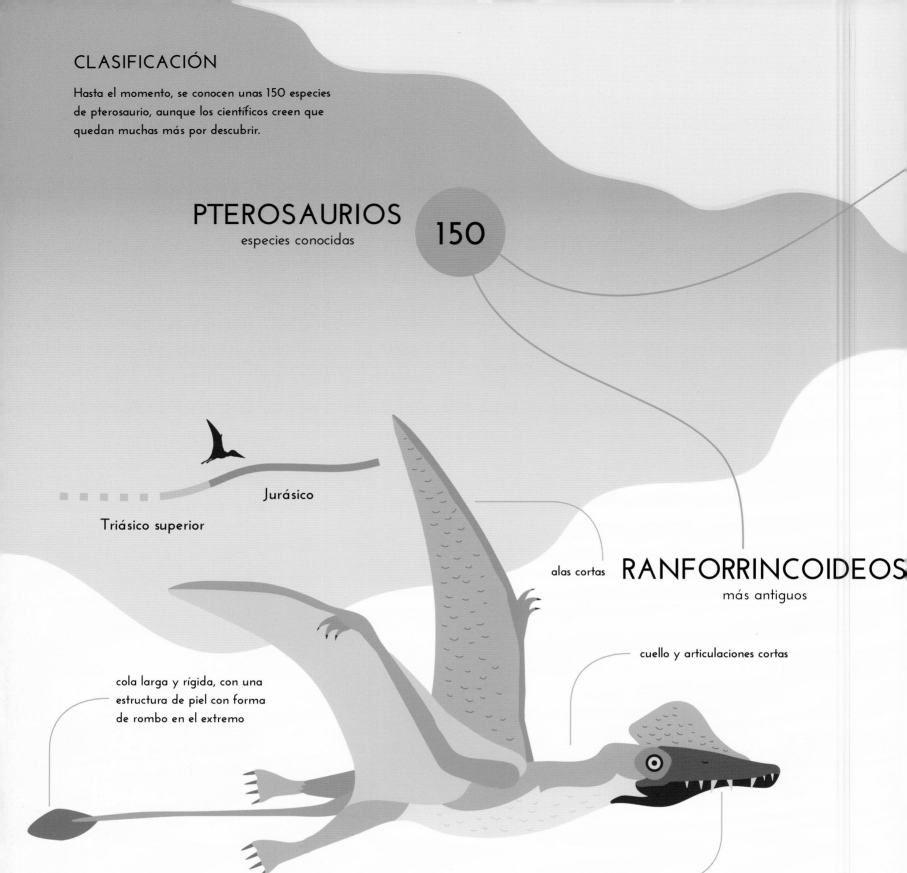

PTEROSAURIOS
especies conocidas

150

Triásico superior

Jurásico

alas cortas

RANFORRINCOIDEOS
más antiguos

cuello y articulaciones cortas

cola larga y rígida, con una estructura de piel con forma de rombo en el extremo

dientes

CALMA Y SANGRE FRÍA

En algunos ejemplares se han hallado restos de vello muy fino que debía de recubrirles todo el cuerpo. Algunos científicos han sugerido que los pterosaurios, al igual que las aves y los mamíferos, podían ser de sangre caliente y necesitaban protegerse del frío.

NACIDOS PARA VOLAR

Los huevos de pterosaurio, a diferencia de los de dinosaurio, tenían la cáscara blanda, motivo por el cual raramente se han conservado. Las crías nacían con las alas ya formadas. Al principio los paleontólogos pensaban que los pterosaurios cuidaban de sus crías, pero hoy se cree que las crías eran independientes desde el primer día.

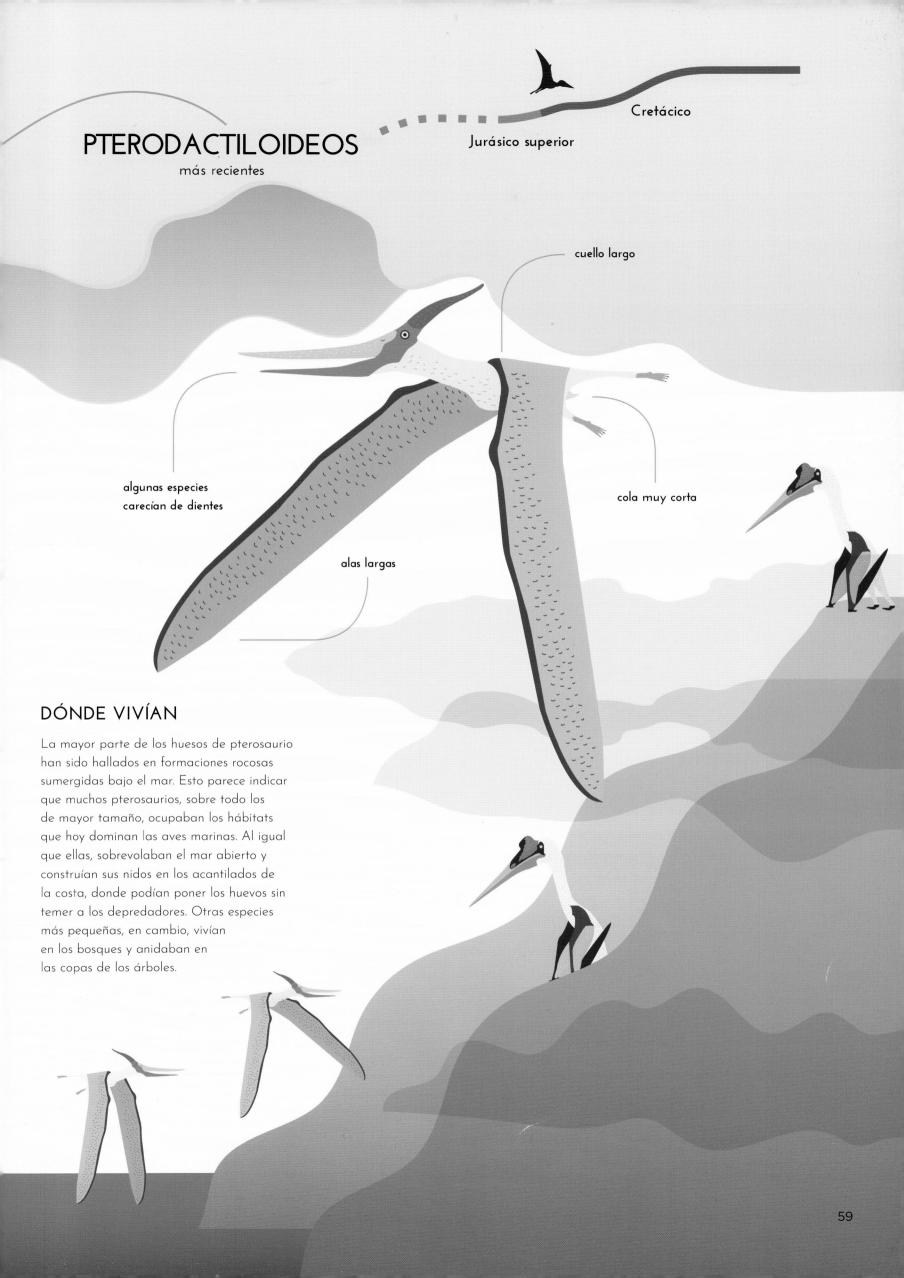

PTERODACTILOIDEOS
más recientes

Jurásico superior

Cretácico

cuello largo

algunas especies
carecían de dientes

cola muy corta

alas largas

DÓNDE VIVÍAN

La mayor parte de los huesos de pterosaurio
han sido hallados en formaciones rocosas
sumergidas bajo el mar. Esto parece indicar
que muchos pterosaurios, sobre todo los
de mayor tamaño, ocupaban los hábitats
que hoy dominan las aves marinas. Al igual
que ellas, sobrevolaban el mar abierto y
construían sus nidos en los acantilados de
la costa, donde podían poner los huevos sin
temer a los depredadores. Otras especies
más pequeñas, en cambio, vivían
en los bosques y anidaban en
las copas de los árboles.

VIVIR BAJO EL AGUA
LOS REPTILES MARINOS

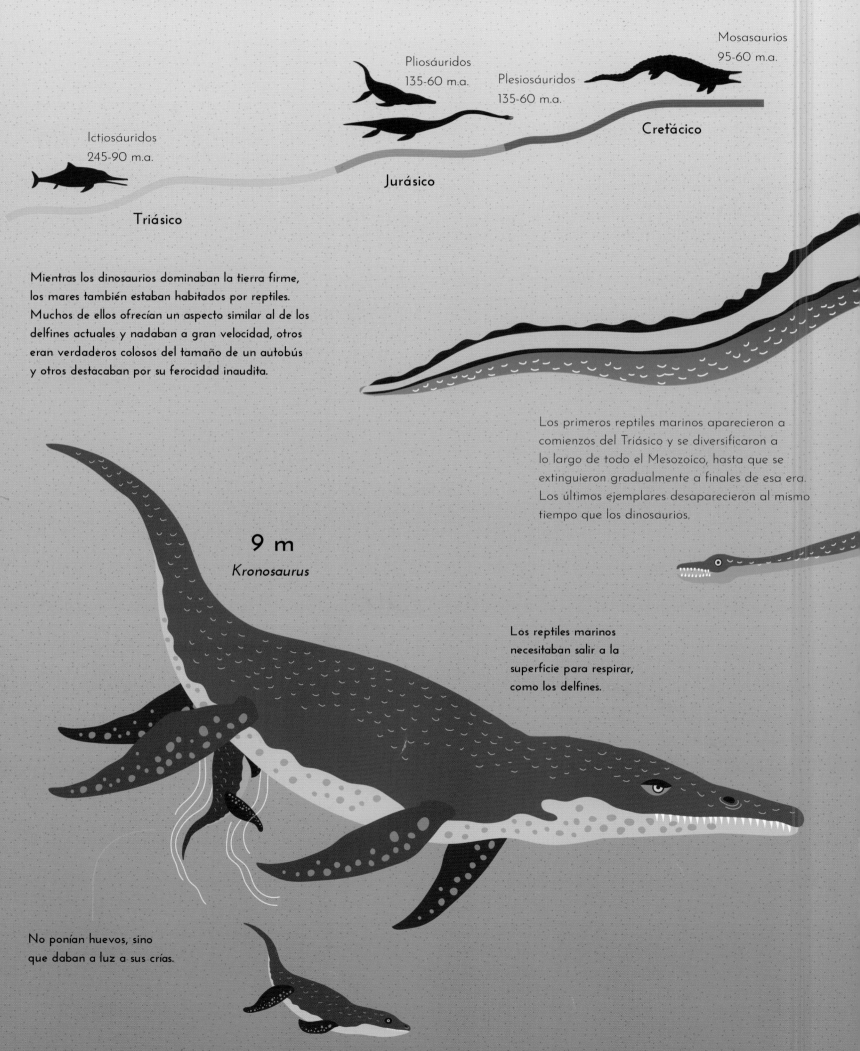

Pliosáuridos
135-60 m.a.

Mosasaurios
95-60 m.a.

Plesiosáuridos
135-60 m.a.

Cretácico

Ictiosáuridos
245-90 m.a.

Jurásico

Triásico

Mientras los dinosaurios dominaban la tierra firme, los mares también estaban habitados por reptiles. Muchos de ellos ofrecían un aspecto similar al de los delfines actuales y nadaban a gran velocidad, otros eran verdaderos colosos del tamaño de un autobús y otros destacaban por su ferocidad inaudita.

Los primeros reptiles marinos aparecieron a comienzos del Triásico y se diversificaron a lo largo de todo el Mesozoico, hasta que se extinguieron gradualmente a finales de esa era. Los últimos ejemplares desaparecieron al mismo tiempo que los dinosaurios.

9 m
Kronosaurus

Los reptiles marinos necesitaban salir a la superficie para respirar, como los delfines.

No ponían huevos, sino que daban a luz a sus crías.

FORMAS Y DIMENSIONES

Para moverse velozmente en el agua necesitaban tener un cuerpo fusiforme e hidrodinámico. A la hora de nadar se servían de las patas, convertidas en aletas, y de la cola, cuyos movimientos les ayudaban a impulsarse. La aleta caudal de los ictiosaurios, en forma de hoz o de media luna, permitía a estos reptiles marinos alcanzar grandes velocidades.

6 m

Ophtalmosaurus

17 m

Mosasaurus

14 m

Elasmosaurus

21 m

Shonisaurus sikanniensis

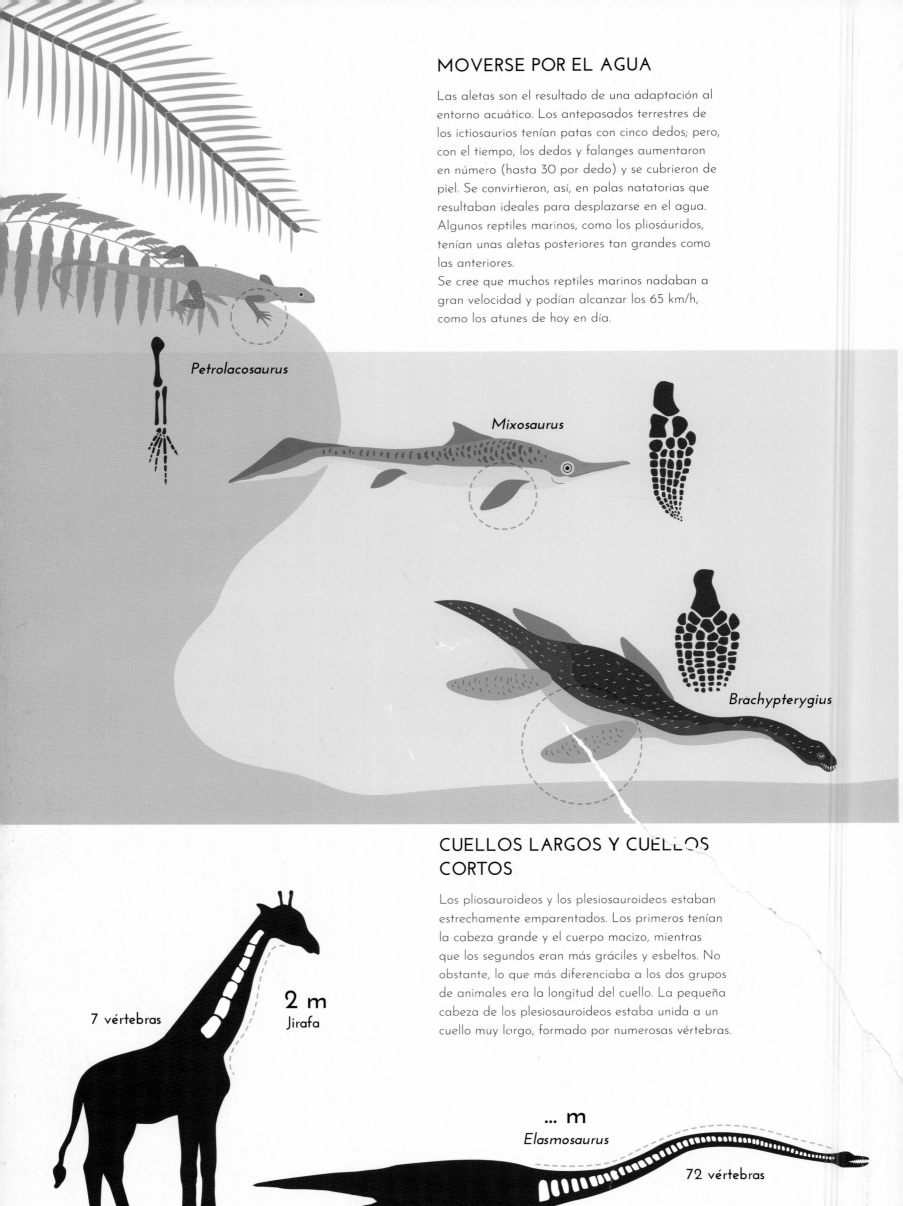

MOVERSE POR EL AGUA

Las aletas son el resultado de una adaptación al entorno acuático. Los antepasados terrestres de los ictiosaurios tenían patas con cinco dedos; pero, con el tiempo, los dedos y falanges aumentaron en número (hasta 30 por dedo) y se cubrieron de piel. Se convirtieron, así, en palas natatorias que resultaban ideales para desplazarse en el agua. Algunos reptiles marinos, como los pliosáuridos, tenían unas aletas posteriores tan grandes como las anteriores.

Se cree que muchos reptiles marinos nadaban a gran velocidad y podían alcanzar los 65 km/h, como los atunes de hoy en día.

Petrolacosaurus

Mixosaurus

Brachypterygius

CUELLOS LARGOS Y CUELLOS CORTOS

Los pliosauroideos y los plesiosauroideos estaban estrechamente emparentados. Los primeros tenían la cabeza grande y el cuerpo macizo, mientras que los segundos eran más gráciles y esbeltos. No obstante, lo que más diferenciaba a los dos grupos de animales era la longitud del cuello. La pequeña cabeza de los plesiosauroideos estaba unida a un cuello muy largo, formado por numerosas vértebras.

7 vértebras

2 m
Jirafa

... m
Elasmosaurus

72 vértebras

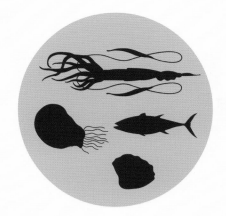

Dado que eran depredadores, la mayoría de los reptiles acuáticos estaban provistos de dientes cuyo número y forma podían variar. Se alimentaban de peces, amonites, belemnites (unos moluscos con caparazón hoy extintos), calamares y otros reptiles más pequeños.

GRANDES OJOS

En el mundo animal, el tamaño del ojo suele guardar relación con el del cuerpo. Sin embargo, muchos ictiosaurios tenían unos ojos desmesuradamente grandes. Este es el caso del *Ophthalmosaurus*, un ictiosaurio de «solo» 4 metros cuyo ojo medía 23 centímetros de diámetro (¡tanto como un frisbi!). El ojo más grande que se conoce, no obstante, es el de *Temnodontosaurus*, que medía 9 metros y tenía un ojo de 26 centímetros de diámetro (un récord que comparte con el actual calamar gigante).

El hecho de tener los ojos tan grandes permitía a estos animales explorar mejor las profundidades marinas, adonde apenas llega la luz.

Muchos reptiles marinos presentaban, además, un anillo de hueso en torno al ojo que protegía este delicado órgano de la presión existente en las inmersiones de gran profundidad.

26 cm
Temnodontosaurus

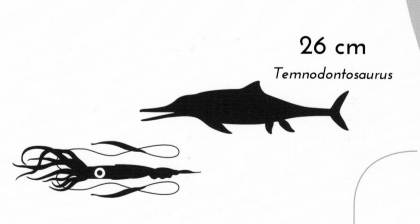

2,3cm
humanos

escala real

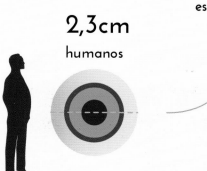

GLOSARIO

PP. 6/7

PALEOZOICO
Era geológica que empezó hace 540 millones de años y acabó hace 248 millones de años. Significa 'vida antigua'.

MESOZOICO
Llamado «era de los reptiles». Empezó hace 251 millones de años y acabó hace 65 millones de años. Significa 'vida intermedia' y su final coincide con la extinción de los dinosaurios.

CENOZOICO
Era geológica que empezó hace 65 millones de años y acabó hace 2 millones de años. Conocida como «era terciaria» o «era de los mamíferos». Significa 'vida reciente'.

DIÁPSIDOS
Subclase que incluye a todos los reptiles (menos las tortugas). Sus miembros presentan un cráneo con dos aberturas en la parte posterior y dos fosas detrás de los ojos.

SINÁPSIDOS
Subclase que incluye a todos los mamíferos y algunos reptiles prehistóricos, como los pelicosaurios. Presentan una única fosa a cada lado del cráneo.

ANÁPSIDOS
Subclase cuyos miembros se caracterizan por la ausencia de fosas a los lados del cráneo (tortugas).

PP. 8/9

PALEONTOLOGÍA
Rama de la ciencia que estudia los restos fósiles de los organismos que vivieron en el pasado.

SAURISQUIOS
Dinosaurios con «cadera de lagarto». El grupo incluye a los terópodos y los saurópodos.

ORNITISQUIOS
Dinosaurios con «cadera de ave». Eran vegetarianos y sus patas solían terminar en una especie de pezuña.

TIREÓFOROS
Dinosaurios ornitisquios con espinas y placas defensivas, como el *Stegosaurus* o el *Ankylosaurus*.

TERÓPODOS
Dinosaurios bípedos y carnívoros, con extremidades terminadas en garra. Su nombre significa 'pata de animal feroz'.

SAURÓPODOS
Grandes dinosaurios cuadrúpedos de cuello largo, cabeza pequeña y larga cola. Se alimentaban de vegetales.

DINOSAURIOS
Grupo de reptiles terrestres que vivieron en el Mesozoico. Caminaban con las extremidades extendidas y son antepasados de las aves. «Dinosaurio» significa 'lagarto terrible' y es una palabra acuñada por sir Richard Owen en 1841.

ARCOSAURIOS
Grupo de reptiles que dominaron la tierra durante el Mesozoico. Incluye a los cocodrilos, los pterosaurios, los dinosaurios y las aves.

GRUPOS, SUBÓRDENES, FAMILIAS, SUBFAMILIAS, GÉNEROS, ESPECIES
De mayor a menor, son los niveles en que se divide la clasificación de los seres vivos. Cuanto menor es el nivel, mayor el número de criaturas similares que incluye.

PP. 10/11

TRIÁSICO
Primer periodo del Mesozoico (251-204 millones de años), durante el cual aparecen los primeros dinosaurios y también los primeros mamíferos.

JURÁSICO
Periodo medio del Mesozoico (204-146 millones de años). Los dinosaurios dominan la Tierra y aparecen las plantas con flor.

CRETÁCICO
Último periodo del Mesozoico (146-65 millones de años). Termina con una extinción masiva en la que desaparecen los dinosaurios y otras muchas especies animales y vegetales.

PANGEA
Supercontinente formado por la totalidad de las tierras emergidas. Existió entre el Paleozoico y el Jurásico.

PANTHALASSA
Gran océano que rodeaba Pangea, y que desapareció cuando las tierras que lo componían se fragmentaron.

PP. 12/13

LAURASIA
Supercontinente septentrional formado con la fragmentación de Pangea durante el Jurásico. Incluía los actuales territorios de Norteamérica, Europa, Asia, Groenlandia e Islandia.

GONDWANA
Supercontinente meridional resultante de la fragmentación de Pangea. Agrupaba los actuales territorios de África, India, Australia y Antártida.

EXTINCIÓN DEL CRETÁCICO-PALEÓGENO
Extinción masiva ocurrida hace 65 millones de años, entre finales del Cretácico y principios del Paleógeno.

P. 16

FÓSILES
Restos de antiguos organismos conservados en la roca.

P. 18

CELULOSA
Molécula polisacárida que forma las estructuras principales de las plantas. Su digestión requiere tiempo y la presencia de ciertos microorganismos en el aparato digestivo de los herbívoros.

GASTROLITOS
Piedras que los animales ingieren para triturar los vegetales en el interior del estómago.

P. 27

ORNITOMÍMIDOS
Familia de dinosaurios similares a los avestruces. Vivieron hace 76-65 millones de años, se alimentaban de carne y tenían las patas largas y un pico sin dientes. Su nombre significa 'imitadores de aves'.

	PLACAS ÓSEAS	Estructuras de hueso muy resistentes que, a modo de defensa, cubrían total o parcialmente el cuerpo de algunos dinosaurios.
p. 28		
	ESCUDOS	Placas óseas de tamaño mediano y grande.
	ACORAZADOS	Dinosaurios cuyo cuerpo está protegido por rígidas estructuras de piel.

	NÓDULOS	Pequeñas protuberancias redondeadas presentes en la piel de algunos reptiles.
PP. 32/33		
	PLUMÓN	Estructura más suave que la pluma que cubre el cuerpo de algunos animales y limita la dispersión del calor corporal.
	PLUMA	Estructura rígida y resistente. Las plumas se encuentran en las alas y la cola de las aves, y al formar una superficie amplia permiten el vuelo.
	FILOPLUMA	Pluma larga, fina y flexible. Podría estar relacionada con la percepción de estímulos (función sensitiva).
	YACIMIENTO DE FÓSILES	Lugar del que se extraen restos petrificados de antiguos seres vivos.

	PIGMENTOS	Sustancias naturales que determinan el color de los organismos vivos.
p. 34		

	GARRA	Uña puntiaguda y afilada, típica de los animales depredadores.
p. 37		

	SEDIMENTOS	Acumulaciones de arena y barro que pueden contener fósiles.
p. 39		

	LUGAR DE ANIDAMIENTO	Emplazamiento elegido por varios animales para construir sus nidos y cuidar a las crías.
p. 40		

	CATACLISMO	Catástrofe natural repentina, como un terremoto, una erupción volcánica, una inundación, el impacto de un meteorito, etc.
p. 45		

	MANADA	Grupo de animales que se unen y colaboran para incrementar su eficacia en la caza o en el cuidado de las crías.
p. 46		
	COLABORACIÓN	Acción que implica la ayuda mutua con el objetivo de conseguir un mismo fin.

	DIMORFISMO SEXUAL	Diferencia de aspecto (tamaño, color, cornamenta, etc.) entre machos y hembras de una misma especie.
p. 48		

	VUELO BATIDO	Forma de vuelo en la cual se emplean los potentes músculos pectorales para mover las alas. Consume mucha energía.
p. 52		
	VUELO PASIVO	Forma de vuelo que no exige emplear energía, ya que aprovecha la fuerza de la gravedad y las corrientes de aire.

	TEORÍA ARBÓREA	Sostiene que los animales aprendieron a volar mientras saltaban de rama en rama por las copas de los árboles.
p. 53		
	TEORÍA TERRESTRE	Defiende que los animales aprendieron a volar mientras corrían por el suelo y daban saltos cada vez más largos.

	PATAGIO	Membrana de piel unida al cuerpo y a las extremidades que, una vez extendida, permitía planear a los animales que la poseían.
p. 54		

	CLASIFICACIÓN	Sistema mediante el cual la ciencia ordena a los seres vivos, agrupándolos por categorías en función de las características comunes que presentan.
p. 58		

	AMONITES	Moluscos hoy extintos, provistos de tentáculos y concha generalmente en forma de espiral, como los actuales nautilos. Su nombre deriva del dios egipcio Amón, cuyos cuernos alargados se asemejan al caparazón de estos animales.
PP. 62/63		
	BELEMNITES	Antiguos moluscos similares a los calamares, dotados de una concha interna con forma de proyectil. Eran depredadores, pero también la presa de muchos reptiles marinos.

Tyrannosaurus rex

Argentinosaurus

Apatosaurus

Maiasaura

Supersaurus

Iguanodon

Pachycephalosaurus

Parasaurolophus

Lambeosaurus

Psittacosaurus

DINOSAURIOS

Spinosaurus

Barionyx

Centrosaurus

Tarbosaurus

Brachiosaurus

Cryolophosaurus

Dilophosaurus

Edmontosaurus

Styracosaurus

Ankylosaurus

Velociraptor

Utahraptor

Dromaeosaurus

Bajadasaurus

Stegosaurus

Diplodocus

Microraptor

Gallimimus

Anchiornis

Sinosauropteryx

Oviraptor

Ornithomimus

Pentaceratops

Triceratops

Kentrosaurus

Therizinosaurus

Yi qi

Serikornis

Parvicursor

Epidexipteryx

PTEROSAURIOS

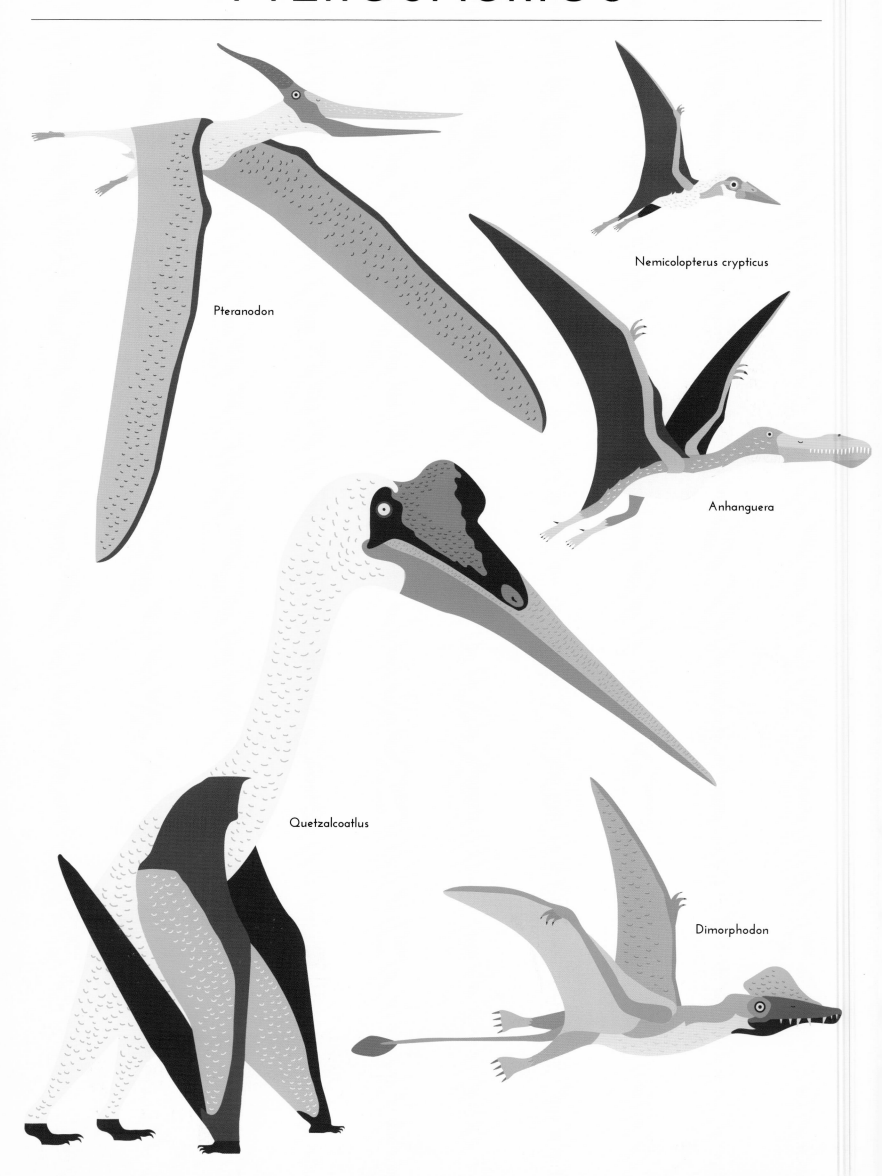

Pteranodon

Nemicolopterus crypticus

Anhanguera

Quetzalcoatlus

Dimorphodon

REPTILES MARINOS

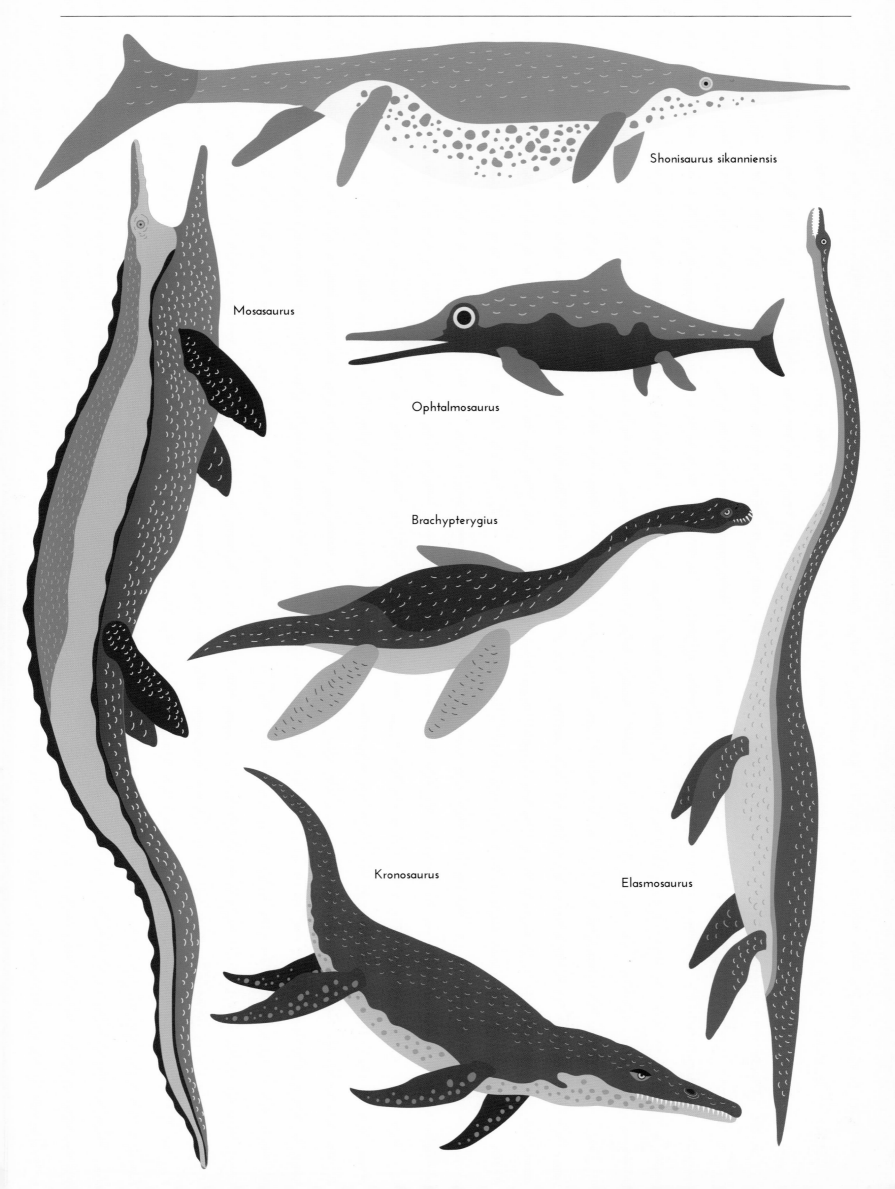

Shonisaurus sikanniensis

Mosasaurus

Ophtalmosaurus

Brachypterygius

Kronosaurus

Elasmosaurus

Giulia De Amicis

Tras finalizar un máster en Diseño Comunicacional en 2012, Giulia comenzó a trabajar como diseñadora visual e ilustradora. Su trabajo consiste principalmente en realizar infografías para periódicos, revistas y asociaciones del sector medioambiental, con particular atención a la ecología marina, la geografía y los derechos humanos. Ha ilustrado varias obras para VVKids.

Cristina Banfi

Licenciada en Ciencias Naturales en la Universidad de Milán, ha impartido clases en varios centros educativos. Desde hace más de veinte años se dedica a la divulgación científica y a la enseñanza a través del juego. También ha colaborado con varias editoriales, tanto en el campo académico como en el educativo. Ha escrito *Animales extraños y maravillosos* y *Animales extinguidos*, publicados en la colección VVKids.

Diseño gráfico
Silvia Galliani

La edición original de este libro ha sido creada y publicada por White Star, s.r.l. Piazzale Luigi Cadorna, 6. 20123 Milan-Italy. www.whitestar.it

White Star Kids® es una marca registrada propiedad de White Star s.r.l.
© 2020 White Star s.r.l.
© 2020 EDITORIAL VICENS VIVES, S.A. Sobre la presente edición.

Depósito Legal: B. 3.892-2020
ISBN: 978-84-682-4244-6
Nº de Orden V.V.: OJ19

Traducción española de David Paradela.

WITHDRAWN